张文质 ◎ 著

父母的关键认知

北京师范大学出版集团
BEIJING NORMAL UNIVERSITY PUBLISHING GROUP
北京师范大学出版社

图书在版编目（CIP）数据

父母的关键认知 ／ 张文质著. —北京：北京师范
大学出版社，2024. -- ISBN 978-7-303-30059-4

I.G78

中国国家版本馆 CIP 数据核字第 2024F2L204 号

营销中心电话　　010-58806212
少儿教育分社　　010-58806648

FUMU DE GUANJIAN RENZHI

出版发行：北京师范大学出版社 www.bnupg.com
　　　　　北京市西城区新街口外大街 12-3 号
　　　　　邮政编码：100088
印　　刷：北京溢漾印刷有限公司
经　　销：全国新华书店
开　　本：710 mm×1000 mm　1/16
印　　张：11.25
字　　数：126 千字
版　　次：2024 年 9 月第 1 版
印　　次：2024 年 9 月第 1 次印刷
定　　价：45.00 元

策划编辑：谢　影　　　　责任编辑：谢　影
美术编辑：袁　麟　　　　装帧设计：北京天丰晶通数码科技有限公司
责任校对：张亚丽　　　　责任印制：李汝星

　　我人生中最美好的事情，就是成为一名儿童教育的研究者。我几乎无时无刻不在思考着儿童、童年、生命与命运这些问题，越是深入研究，越觉得所有的儿童都无法用简单的字句加以评判与概括，所有的生命都是非凡的。

　　作为父亲，我脑海里时常会冒出"孩子是我们的甜蜜，也是我们的忧伤"这个句子。若人间真有天使，他一定长着儿童的模样。似乎你对他的爱永远不会嫌多，你从孩子身上得到的爱的回报，是人间最好的治愈。父母对孩子的情感总是自然而又无私。从孕育伊始，孩子生长的节律如同世间万物一样，有着某种难以更改的内在性、神秘性。每天都在变化，每天都在迎接着新的自己。他是如此不可控制、不可调整、不可预测。所有的父母都免不了时时怀揣不安，时常感到爱的无力，甚至爱莫能助。这是生命的常态，也有可能成为生命的某种变态。

　　我和儿童接触越多，对儿童处境的思考越深入，脑海里就时不时还会冒出第二个句子："父母是孩子的命运，孩子终将也会成为父母的命运。"一个人生在什么地点，什么时代，他与生俱来的健康、智力等状况，往往都是父母"一次性"给定的。只要稍加琢磨，你就会明白，这一切就是"命运"。但是理解这一切却非易事。有觉悟的父母，往往都会对孩子身怀挚爱与悲悯，都会用更大的心力去做孩子的守护者和帮助者。但可悲的是，有些父母缺乏这样的感知力，他们成为父母之后，一直没有做父母的"自觉"。家庭中各种盲目与错误层出不穷，家有时候却成了最痛苦的地方，家也因此可能会伤人。所有人的人生起跑线，其实就是自己的父母。为了求取幸福来到世上的人，可能收获的是各种不幸。古往今来，无数的心理学家、教育家、社会学家和作家用各种方式分析、叙说着或复杂或简单却不无特殊的人性故事，无非就是希望能够开启智慧、润泽生命，期盼更多的父母变得"够好"，甚至能够在自己身上克服一个时代的教育弊端。但这一切仍然任重而道远。

　　我很想和大家分享的第三句话是："从能够改变的地方开始。"我在幼儿园、中小学践行生命化教育三十年，深知教育是慢的艺术。我一直倡导"父母改变，孩子改变"的家庭教育观念，在充满挑战的时代，父母想要更好地帮助与促进孩子的成长，就需要更好地理解自己，时时刻刻经历自己经验与能力的"再生"，通过自我发现、自我变革，重建以孩子成长为中心的家庭生活伦理。父母应该回归自己的责任：与孩子合作，提升教育的智慧；与学校合作，促进学校的进步与改善；与未来合作，以建设者的心态应对复杂的人生挑战。唯有确立这样一种"关键认知"，家庭才会发生真实而又富有生机的变化，家庭才能成为孩子与未来、与社会、与自己最美好的联结点。

基于三十多年来对亲子关系、儿童成长、学校教育、家校合作等重要教育命题的思考，我把已出版的作品做出扼要的归纳与提炼，在已有的研究上继续挖掘拓展。所谓"节外生枝"、旁逸斜出，无非都是回应和丰富对儿童成长的敬畏与理解。

张文质

2024年6月于福州

目 录
CONTENTS

第一章

生命的勇气

第一节　溯源生命，获得一生的力量

　　我并不想对他人进行教诲，我必须对自己再理解。我跟青年朋友们分享这些常识、常语，多多少少算是一些"晚词"。所谓晚词，就是人在老年心境里想说的话。人到了一定年龄，他看世界时用的词汇会跟以前完全不同。我认为"心软"也可以改变教育——心地柔软甚至有点软弱，都可以改变教育。因为我们原来的教育比较生硬，有时候甚至比较粗暴，我们一直喜欢用那些特别有力量感的词来表达情感，不喜欢用一些弱者之词或者柔软之词。这些年我主要谈教师的专业成长与生命成长，重点在生命成长上。生命成长不仅是关乎教师，而且是关乎所有人的话题。其实，我反复"唠叨"的就是自己生命的一些历程、见闻以及生命中那些在心底引起回响的遭遇。有一些事是过不去的，有一些记忆会一直被你珍藏于心灵深处，有一些生命的场景，仍然会在你的梦中不断重现。

　　在我之前所写书的开头，一般我首先会说说我的父亲、母亲，但在这本书的开篇里，我说的却是另外一个人，一个对我的一生都有非常重要影响的人——我的傻叔叔。很多人都纳闷儿，为什么你要称叔叔为傻叔叔呢？这可不是一种亲昵的说法。我的叔叔就是有点傻，在智力上有些缺陷。他并不是天生就傻，而是后来得了一场病才变傻的。我很小就知道有这么个叔叔，因为他跟我生活在一起。在我童年时我就知道叔叔有点傻。前阵子我读《西方儿童史》时，看到里面有个概念很有意思：你第一次得到的礼物，被称为"第一眼礼物"。而我的"第一眼礼物"就是这个有点傻的叔叔。后来，我们家的邻居，一个对我特别好的婶婆，也给我讲述了我和叔叔的亲密关系。因为一个人在孩童时期记忆还没有形成，所以根本不知道到底是谁抱你、谁跟你最亲，这些都是后来我那个婶婆给我描述的。她说一天到晚、一年到头最常抱我的人，就是我的傻叔叔。

我强调了一种生命原初的需求，这种需求就是情感的需求。我的身体最早不仅是我妈妈抱，日常还有我的叔叔来抱。当我回想我跟叔叔为什么会有这么亲密的关系时，我还是有点费解的，总不能就因为叔叔傻，所以我才跟他特别亲密吧？或者说他是我的亲叔叔，我就跟他特别亲密吧？其实在我没有明确的意识时，我的叔叔就在我生命里面刻下了极为深刻的烙印。不是说他会逗我、跟我说话，也不是说他会讲故事，而是只要我一醒来，他就会把我抱走。我们老家的房子很大，三座连在一起，几十个家人住在一起，他经常会抱着我东瞅瞅、西看看，从这一家来到那一家。叔叔是一个寡言的人，他经常站在人家门口，就只是认真地站在那里，半天不说话，我后来看到的叔叔也是这个样子。当叔叔抱着我到处走的时候，我一定是看到了我们乡村最初的那些生活场景，这一切在潜意识里面，形成了我跟这种乡村生活、乡村情境融为一体的最核心的基础。

这个基础基本由叔叔完成，因为我爸妈特别忙，所以在他们很忙碌的时候，都是叔叔在带我。在这个过程中，他对我的感情特别深厚。感情本身就是一个互动的结果，有时候我们说小孩子不懂得亲密，但孩子一定懂得谁最疼他，所谓"疼"其实就是对你好。而这种好怎么表现呢？就是他整天抱着你，在你哭泣的时候带着你到处走，一天到晚他我的叔叔名字叫金犁，有时有些人就调侃他："金犁，这是不是你的孩子？"他听到了虽然会很生气，却不知道怎么应对，但从此再也不会去这家了，这就是他作为一个弱者的反击方式。

因为弱者的判断是最直接、最质朴的，他懂得真心对他好的人，他就会经常去他家。我长大以后，就知道去哪里能找到傻叔叔，他一定在他最喜欢去的邻居家，总是傻愣愣地站在那里。

我们乡村那些新媳妇刚到我们那边时，对我叔叔的这种行为还有点不习惯，看他一个人傻傻地、直直站在自己家门口认真端详，也不说话，她们多少会有点儿不安。后来知道了傻叔叔并没有恶意，大家也就处之泰然了。在他看来，这就是最自然不过的跟人相处的方式，我喜欢你的家，就在你家门口看看，你叫我坐，我不坐；你叫我吃东西，我也不吃。就站在这里，有时站十几分钟，有时站半小时，然后走开，就是这个样子。

有时叔叔会发脾气，离家出走。据我妈说，叔叔在年轻的时候常离家出走，去做一些普通人看来很荒诞的事情。我印象最深的一次是我叔叔生气后，跑到山上站在坟墓中间把衣服点着，口中还念念有词，把好多人都吓坏了。那个时候乡村还有埋着集体坟墓的山，一座山都是坟墓。其实我小时候也特别害怕叔叔莫名其妙地突然离家出走，就好像谁伤害了他。长大以后我才慢慢明白，有时并不是谁伤害了他，而是他需要宣泄，他心里自然淤积的某些情绪积累到一定程度后，可能一个很小的导火索就点着了。

他离家之后并不会跑很远，就待在你看不到的地方饿几天，然后自己就回来了。有时候他还不愿意直接回家，而是在家周围徘徊。奶奶去叫他，他不肯回来；我妈妈去叫他，他也不肯回来。亲戚朋友都知道我跟叔叔关系亲密，于是奶奶就让我去叫他，我柔软的心肠，也是在跟叔叔相处的过程中慢慢养成的。我去叫他时，看到叔叔很可怜，心里又不知道怎么办，我很害怕他又走，就会经常对着他流泪，然后叔叔就跟着我回来了。他回来以后会变得特别温顺，也不着急去吃东西，而是把家里水缸的水挑满，庭院打扫一下，再把其他家务活干一下，好像是给家里某种补偿一样。这些生活情境，就是我的记忆中最为深刻的一部分。

那么，我在叔叔身上学到了什么东西呢？我很小就知道叔叔的情况，比如说他智力、能力等方面的缺陷都是不可逆的，他经常会发泄情绪。所以，最需要改变或者最需要用正确观念对待叔叔的，就是家人。我觉得这方面我妈妈做了一个非常好的示范，这对全家人都是一种善的教育。因为叔叔跟我们一家人生活在一起时，我妈妈是真的很耐心地、很细致地对待他，就好像养了一个特别淘气的儿子一样，几十年如一日，一直到叔叔去世为止。他生气也好，发泄各种情绪也好，他的所有生活起居都由我妈妈在细心照料。照料一个有脾气的人，特别是不知道会在什么时候发脾气的人，是一件非常困难的事。但是我母亲做得无可挑剔。

这种善待一个有智力障碍的人的方式，在孩子眼里就是一个善的范本。所以我们对叔叔从来没有嫌弃，没有厌恶。比如，有时候我会对父母发脾气、说点难听的话，但是对叔叔我从来不会这样。我们一家人，都有一种强烈的自觉，都特别注意保护他，甚至可以这么说：谁欺负我的叔叔，谁就是我们全家的敌人。

有一天一个堂哥骂我的叔叔："你这么傻，要不是这么傻的话早就死掉了。"我听到后非常愤怒，纵使自知不是他的对手，依然扑上去跟堂哥打斗，结果被他扇了一个耳光，脸肿得非常大。上学的时候同学都看得出来。

我自认为在村里肯定没有敌人，堂哥后来也不是我的敌人，但我始终没跟他说过话，我不能原谅他用这种方式对待一个智力有障碍的人。作为一个正常的人，用这种方式对待我叔叔是不对的。可能我心里对你没恶意，但是你没跟我道歉，我就不会原谅你。叔叔虽然在智力方面有障碍，但他是一个特别善良的人，从来没有欺凌过任何人，没有莫名其妙去对人家使坏，或者做一些不堪的事。

我叔叔常去拾柴火——我们家周围有很多的龙眼树。那时候还有生产队，龙眼树归生产队集体所有。他去摘龙眼树上的枯枝时，看龙眼的人以为他要去偷龙眼，抓住他就打，打了几下发现他一点反应都没有，才明白这是一个有点傻的人，就把他放了。这也是其他人跟我们说的。其实我们周围村庄人都知道，他从来不会去偷人家的果实。在我跟叔叔的交往里，他长久的陪伴，他辛勤的劳动、为家庭的付出，所有的这一切都给我的童年带来了极好的滋养。

我记忆里还有这么一个难忘的细节。有时我叔叔要走很远到山上去砍柴，路程两三小时。那个时候叔叔去砍柴火，一般下午才能回来，一到周末和假期，我奶奶就会让我给叔叔送一些点心。所谓的点心就是番薯煮的汤，我提溜着汤一路去送，要走一两小时甚至更久，有时一直走到山脚才会遇上他。千盼万盼，终于看到叔叔的时候，我心里那种喜悦真的没法形容。记得有一次，我走啊走啊，一直走到山里面去了，我就有点担心，因为山里面有好多路，我担心叔叔会从另外一条路走出来，那我们就没法遇上了，怎么办呢？我是在那里等，还是往山里走？这是个不容易的选择题。所以，我一般会走一个半小时到两小时，到另外一个村庄的一座桥上，这是回家的必经之路，我会守在那边。当我看到叔叔时的喜悦，我至今仍记忆犹新。当时其他路人就很奇怪，这么个傻傻的人，怎么会有一个很机灵清秀的孩子呢？他们以为我就是叔叔的儿子，因为我们之间那种亲密看上去也像父子。

一般情况下，凡是我去给他送点心，他都会多砍一些柴，然后把那些多砍的柴让我扛回来。扛回来也很不容易，路上要走一两小时。

在我叔叔身上还发生过一个特别好玩儿的事。有一天叔叔走丢了，不知道跑到哪里去了。那个时节橄榄树掉叶子，他出去拾橄榄树的叶子，当时下着微雨，我们家边上的闽江正好发大水，这可把我们一家人以及堂哥们给吓坏了，大家到处找都找不到。后来我一个堂哥怀疑他去姑姑家了，我妈说不太可能，他去姑姑家干什么，也没跟家人说，以前去姑姑家他都会说。我堂哥说不妨去找一下。我姑姑家就在隔壁村，他们到了姑姑村里后，狗叫声把一个人给惊醒了，这个人就是我的傻叔叔。他真的去姑姑家了。我们问他为什么去姑姑家，他说他要到姑姑家看一看养的那些鸡。他没有跟家里人说，却又和姑姑说跟家里人已经说过了。因为天色已晚，姑姑就留他住下来，没想到后来半个村子都被惊动了。

2000年，我在福建省泉州市讲课的时候，有一天天气特别炎热，我父亲给我打电话说我叔叔丢了，并告诉我好像这次叔叔情况跟往常有点不太一样。叔叔五十几岁以后很少发脾气，人也变得特别和顺。在我们家旁边有一个闽江的浅滩，叔叔不会游泳，平时都在那里洗澡。我爸爸说那天傍晚天气很热，他到闽江边上洗澡，此后人就不见了。后来家人到处寻访，请人搜江，发现叔叔被淹死在一个很浅的地方了，他就这么去世了。现在想起来我还十分悲伤。

讲到我生命中重要的人时，总会把叔叔放在第一位。就是这么一个傻叔叔，对我生命的塑造起了重大的影响。以前说到自己的成长，我更多会把视角放到父亲和母亲对我的影响上。现在，再次重新回溯生命的时候，我发现叔叔对我心灵深处最柔软、最善良部分的塑造极为重要。

善良的力量往往潜滋暗长，那些柔软的东西会留下来，它们往往会通过一个人的言谈举止、内心的善意，自然素朴地表达出来。尤其在家庭教育中，父母不必去追求立竿见影，而是需要有耐心。就像叔叔对我一样，他在陪伴我时也没说什么，但随着时间的推移，你会发现他该说的都说了。

第二节　"父母教育学"

听了我傻叔叔的故事后，很多人可能会感觉有点酸涩。有时候生命的真相就是如此，即使再沉重也都要面对。苦难本身可能没有价值，但苦难被理解之后就会转化成一种力量，这样一来苦难就变得有意义了。我之所以谈叔叔带给我的一切，因为它已成为我生命里一种重要的滋养。这种滋养对那些弱势群体与悲苦的人，有一种强烈的悲悯和支持的愿望。这些年我做了一些公益项目，如果要去溯源的话，我做这一切跟过往都有关联。

再讲一讲我母亲的故事。我母亲的故事底色比较灰暗。我很小就知道妈妈身体不好。我们家就几个房间，还被邻居的房子隔开了。两岁之后，妈妈对我做了两件事：一件事情是把我交给了奶奶。每天晚上我跟奶奶和叔叔住一个房间，这个房间里有两张床铺，一张是叔叔的，一张是我和奶奶的。我童年时对这个房间有种畏惧心理，因为房间太大了，楼上还有一层，但没有进行很好的装修，上面黑乎乎地堆着一些杂物。作为父母，一般考虑不到屋子里乱七八糟堆放的杂物，会在孩子的梦境里面构成多大的威胁。我童年在这个房间里做的梦，很多都令人恐惧。为什么一个乡村的孩子会变得胆小呢？这跟生活的处境有关，跟长年累月不断重复的那些梦境有关。另外一件事情是我妹妹出生了，成了哥哥的我就有责任了。这也是母亲和奶奶不断强化的事情：你现在是哥哥了，要照顾妹妹，哥哥要像个哥哥。至于什么样子才像哥哥，自己去揣摩吧！

小时候我妈妈身体不好，无论是生妹妹还是后来生弟弟，对她来说都是极为艰难的事情。妈妈的家境很清苦，但那时候她从来没跟我们说过，只是后来我从妹妹和其他亲戚口中听说，她童年很凄苦。她常年有胃病，面黄肌瘦，每天都非常劳累，生活贫苦，所以我妈妈长了一张非常痛苦的脸，她很少有笑容且眼神很忧郁。后来我看自己的眼神、神情，都有妈妈的某种影子。妈妈嫁给爸爸，尤其是成了母亲之后，身上就有了一种非常顽强的毅力，那就是担起责任，照顾好家庭。家里有我、弟弟和妹妹三个孩子，我的傻叔叔以及我那没有劳动能力的奶奶。而且我的傻叔叔饭量极好，一人能吃三人的饭。后来我回头思索，妈妈对我的影响最大的，就是她的毅力、劳动精神和在极其艰难的身体处境下，还能够把家给照顾好的责任心，这种责任感也许也种到我心灵深处去了。

因为出生于地主家庭，我妈妈被剥夺了上学的权利。虽然没有受过教育，但是她是一个聪明的人。这种聪明体现在生活细节中，你会感受到她的细腻、理智和耐心，这一切就构成了我个人成长的优秀资源。所以，我妈妈对我的教育比较重要。从生活上来说，她觉得人穷志不能短。人穷志不短表现在哪里？在穿着上，即使是打补丁也应该衣着干净；待人接物应该有自己的规矩，亲戚来了应该热情照顾；看别人过好生活，不能心生嫉妒。这都是苦难时父母带给我的淳朴教导，在妈妈身上，这种教导对我影响尤其明显一些。在我小时候，我妈妈在村里一个面厂上班，这份工作很辛苦，我上学之后经常会到厂里看望妈妈，她做事情时满脸都是汗水，非常辛劳。我跟妈妈说到厂里是看报纸，那时我喜欢看《参考消息》，其实更重要的是想去看望她，顺带着去看《参考消息》。我跟母亲的这种关系，后来我也有一些反省：两岁之后，妈妈就很少抱过我，我跟母亲之间的这种皮肤接触，被跟叔叔之间的亲密情感代替了。

我读初中的时候，有一天我躺在那里休息，妈妈也躺在那边，突然她说："好久都没抱过你了。"然后她就抱了我一下，我竟情不自禁地开始流泪了，当时我觉得很羞愧，妈妈只是抱你一下，你怎么就流眼泪了？实际上这是某种饥渴的释放。因为获得了安慰，我心里最柔软的部分化开了。换种说法，其实这就是缺爱。有时父母对孩子的教育，并不完全能够做到位，因为要起早摸黑地工作，细致的教育很难在家庭里面实施。当我自我反省时，我想起自己小时候总是犯一些零零碎碎的错误，比如欺负弟弟妹妹、该完成的家务没有完成、被邻居告状等，我经常挨打，挨打会让人产生羞愧感，自己怎么好像成了一个坏孩子？这时我就会对自己产生一种怀疑，我天性是不是特别坏？再仔细反省，其实是父母的教育太粗放，只有一些大原则上的教育，很少有细致的指导。所以，我在讲家庭教育的时候会特别强调，教育要抓住起始处、关键处，更重要的是，要在孩子生命的早期，耐心、持续地对孩子进行引导，并把这种引导形成习惯。

童年的时候，有时自己做事有不到位的地方，我就会感到很羞愧。"坏孩子"在内心对自我也会有谴责。一方面，妈妈给了我一种生命的示范，她对奶奶、叔叔的那种善意和诚恳、对家庭责任的承担，包括她在各种疾病中的那种苦相，对我都构成了一种影响。另一方面，我觉得最好的家庭状态应该是一种"甜蜜的相处"。"甜蜜的相处"需要时间，当然也需要物质保障，更需要情感上的共识。从这个层面上说，我们家距离它还非常遥远。当我回望童年的时候，依稀记得两岁之前，我是比较幸福的、淘气的；2～6岁上学之前，我几乎没任何记忆，脑子里完全模糊一片。这说明在此期间我生活中没有任何重要事件，没有父母那些不断强化的教育和指导，也没有那些生活中特别温暖、值得记住的节日等，总之一切都非常模糊，我几乎想不起那四年我是怎么过来的。

在上小学的时候，我变得非常胆小、怯懦，没有儿童应有的活泼天真，只有某种生命的苦相，在我这张儿时的脸上刻了下来。我后来几十年的努力，就是要摆脱自己生命的这种苦相。也正是因为这种苦难，我的学业和成长就有了某种动力：这就是要变革家庭，尤其是希望妈妈今后能够过上不那么辛劳的日子。我觉得对妈妈我有重大的责任，这种责任会化成动力，但是有时也会使人内心没有那么喜悦，很难在生活中体验到各种各样的快乐。我经常感慨自己是一个童年过早结束的人，我希望现在的自己能够保持某种童真，这就需要给自己再"造"一个童年，重新激活自己生命中的那些热情。这是母亲带给我的影响。

关于我父亲，他的形象比较负面，但我也慢慢理解了父亲。因为我爷爷去世非常早，父亲10岁左右就出去当学徒，承担了养家的责任。父亲从家道殷实一下子转入了赤贫，他当时的恐慌状态可想而知。况且他有一个傻弟弟，还有一个完全没有生活能力的母亲，而妹妹（也就是我姑姑）被送给人家做了童养媳。这种家境对我父亲的童年一定有非常可怕的影响。所以后来在我不断地对生命进行梳理时，才能理解他的坏脾气从哪里来，他宣泄怒火的方式为何那样简单粗暴。我是老大，首当其冲挨打的次数最多。慢慢地，父亲打我还带点仪式感，先把我关在一间房间里，脱了衣服暴打一顿，直到我鬼哭狼嚎，再叫我穿上衣服后穿过邻居的房间去厨房吃饭，这时就得收住哭声，不然还要挨打。前几天我突然想到，父亲很少在我吃饭之后打，都是在吃饭之前打，这太可怕了。所以，后来我看到一些孩子被父母打骂时，心里就会隐隐作痛；看到狂怒的人，就会特别恐惧与不安，那就是父亲的某一个形象。

我所有的压抑、恐惧、对未来的幻灭感、对自己无能的羞愧感，都与父亲的威严形象密切相关。他从不在精神上压迫我，只是对我做错的事进行各种各样的肉体惩罚，在精神上没有压迫，这算是件很幸运的事吧！

为了使这个苦闷的话题能够轻松一些，给大家分享点好玩儿的故事。我小时候家里养了猪，但猪圈修得并不牢固，大人出去工作，因为没人喂，猪饿极了就会把猪圈拱开跑出来。偏偏这种事情常发生在我父亲从加工厂下班回来的时候，看到这种情形，父亲马上就会大喊一声"依质"，他不是叫"文质"，而是叫"依质"。不论在哪里，只要听到父亲的喊叫声，我就吓得魂飞魄散。有时候他叫我拿锤子，我在不知所措中经常会问锤子在哪里，你知道父亲怎么回答我？锤子在我的背上！天哪，要是再慢一点，麻烦就来了。这些事情我印象太深了！现在的父亲，已经变成一个慈祥的人了，虽然偶尔还会发脾气，把他壮年时代的某种情形再次展现在现在的生活中。一看到他发脾气，我就会想到童年时他的样子。

叔叔、妈妈和爸爸，对我构成了多维的影响。叔叔的影响，带有某种悲情，他无法改变自身，但他的善良与诚恳与生俱来，从未被破坏。他对你的好发自内心，他让我知道世界上有一个人，会完全无私、全心全意地爱着我，这就是我的叔叔。妈妈并不悲情，她在我的童年中就是某种苦难的代表。妈妈非常辛劳，身体还有各种疾病，我特别担心妈妈突然就去世了！邻里很多人都说我母亲活不到50岁。很幸运的是，她现在活到了80

岁还很健康，这跟后来生活的变化有关系。但是她所带给我的东西，能激发起我更多的责任感。她经常跟我说，你要做一个读书人，要有志气。我现在多多少少算读书人，算不算有志气不知道，但至少我有所追求吧！父亲带给我的东西就比较复杂了，他对待我的方式很激烈、粗暴、简单。我们的交往特别少。我和父亲有一个特别温暖同时也很遗憾的故事。那时乡集体还叫公社，当时公社办了一个食堂，别人说公社食堂里的那个荔枝肉特好吃。父亲那天心血来潮，骑着自行车就载我去了，说我们一起去吃荔枝肉，当时我真是心潮澎湃。父亲买了一份荔枝肉，我坐在那边看着荔枝肉口水直流，父亲去拿筷子，但筷子拿回来以后，父亲却说我们还是把荔枝肉带回家一起吃吧！对于后面回家以后怎么吃的荔枝肉，我已经没有记忆了，只记得自己看见香喷喷的荔枝肉，却没有独自吃到。这是属于儿童的记忆，但我跟我父亲之间这种温馨的时刻太少了。现在我就有种遗憾，觉得自己跟父亲很难有一种像汪曾祺所说的"多年父子成兄弟"般的感情，我们之间总有某种隔膜，没办法进行很自然、很亲切的交谈。其实亲子之间应该亲密共处，形成一种非常亲密、自然的生命共同体。虽然我很想在父亲面前没有恐惧，想坦然地跟他交流分享，但生命的很多特质，自然地就会表现出来，这对我俩来说都很难。有时候他想了解我的情况，不会直接问我，而是去问我妹妹。所以，我的妹妹就成了我们之间的某种中介。有时我会很羡慕妹妹的这种地位，她跟父亲之间的关系要密切得多。

当年我父亲做了一件很重要的事情——这点在我讲课的时候常会讲到，那就是他给我起的名字：张文质。当然"文"是一种辈分，但怎么起一个更好的名字呢？我父亲蛮费心地请村里一个特别有文化的人来起的——张文质，对我来说这个名字是一个很好的激励、很好的暗示。两年以后，妹妹出生，父亲还是请那个有文化的老先生起名字，我妹妹的名字起了一两年才起好。又过了四年，有了我弟弟，父亲继续请老先生起名字，这次起了好多年，因为想要超过前面的名字太难了，以至于我都是叫他弟弟，邻里邻居的人也都叫他弟弟。有一次弟弟同学来我们家，站在我们家门口问邻居的一个伯母："张文仲家在这里吗？"那个伯母说："没有，这里没有张文仲。"因为她不知道我弟弟叫张文仲，她只知道平常大家都把我弟弟叫作弟弟。从我们的名字可以看出，我父亲是有所期待、有耐心的，这种期待和耐心对孩子而言就是一种祝福。我好像一直在说爸爸的某些不足，但是他也有某种克制。我读到小学五年级以后，我爸爸就再也不打我了，即使犯错他也只会批评或者给你脸色看，总之从此以后我再也没受皮肉之苦了。我不知道原因，也不好问他。后来我一直思索，为什么打到五年级就不打了？记得有一次我被妈妈打，她打得特别疼，我妈其实也经常打我。但是那一次我不知道从哪里学来这么一句话，我说："你既然要生我，为什么又这样打我？"作为一个孩子并不知道这话有多重，我妈听完后号啕大哭。可能这件事情她跟我爸说过、商量过，此后孩子再也不能打了。我爸以前打我的时候，我妈也非常担心，她告诫我爸不能打头，家里有一个傻瓜了，再打出一个傻瓜来怎么办？所以我经常被打屁股、打腿，虽然疼得不行，但不会被打傻。后来不打了，这也是某种克制。即使发怒，他依然有边界意识；即使生活非常困苦，他还是有强大的意志，希望孩子未来有出息，以孩子的成长为荣。现在我爸爸或许会暗暗觉得儿子还行，我不知道是不是这样，但我先给自己贴一个标签：作为儿子我还行。

其实，父母对孩子的影响是一生且细致的。父母不要低估自己对孩子的影响，这种影响不会因为地位、学识而消失。这种影响是一种宿命，是一种本质性的关系。为人父母是一个谨慎的事业。要避免犯错、避免简单、避免粗暴，尤其要避免对孩子生命的伤害。所以，克制、耐心、诚恳的鼓励以及满怀爱意的期待，是每一个父母都该有的一种品格。

第三节 困顿境遇背后的价值

我的叔叔、父亲、母亲对我的影响，折射出我童年乡村生活经历的最重要背景，这些背景构成了我生命的底色，要想完全更新它几乎不可能，它就刻印在我的心灵深处，构成了我的记忆。人很难对抗自己的记忆，其实也不需要对抗，而是要学会转化。转化之后，你对苦难就会有一种理解力，你就能够持续从苦难中获得真诚、质朴和善良。当然，生命有很多版本。讲自己成长的故事，应该是我生命的"1.0版"。这个"1.0版"可能让人听了会觉得有点酸涩，一个人的成长很不容易，我的童年故事可能会让人更有这种体会。

童年是个说不尽的话题，希望某一天我能够更细致、更丰富地去写，或者口述一个生命自传。说到生命的版本，我也强调版本要升级。比如童年可能是"1.0版"，那么大学时期我就算进入了"2.0版"，特别是从福建闽侯的乡村到了华东师范大学，版本好像一下子提升了好大一个档次。

说到大学对我的影响，可以从三个方面来概括：大学的氛围、本身的磁场和文化的丰富性，使得我整个心灵变得无比开阔。在大学里，同学的名字跟原来你认识的人都不一样，他们来自不同的地区，家庭背景不同、相貌各异、性情大相径庭。从乡村熟人社会里逼仄、苦难的版本，一下升华到那种意气风发、丰富多样的版本，这对一个人的影响实在太大了。所以，我建议要到远方去读大学，那样就能见识更多不一样的人。那些跟你走在一起的人，带着各自不同的文化背景、生命痕迹，这也是人生中特别重要的一项学习内容。当时面对这一转变，我印象特别深的就是学校图书馆所构成的文化系统。虽然我在乡村读过一些书，并和堂哥、堂姐有一些关于书的交流，但那些实在是非常粗陋的版本。到了大学，见到那么大的图书馆，里面什么想看的书都有，大学的书店每周都有新书，同学分享的书都是当时刚出版，或者刚引进国内的版本。这一切都对我的思想带来非常大的冲击，世界并不像我原来所理解的那样。它带来的是一种思想的解放，原来这个世界是开阔的。

还有一点也很重要，在那些民国走过来的教师身上，你可以直观地感受什么叫民国，什么叫旧文化，那种旧里面有一股让人肃然起敬的芬芳。记得有一次选修课，授课老师开的是《史记》选读。这位老师没有上过大学，只读到小学，完全是自学成才。他说只要有一个学生，他就开这门课程，没想到报他课程的人最多。每一个学者、教授都会以自己的精神特质去吸引你，让你相信知识的力量，相信思想的意义。那个时候我特别羡慕那些能在台上自如演讲的人，但即便在大学毕业时，老师对我的鉴定还是性格内向、不善言辞。我很羡慕那些能自如洒脱，有丰富、独特表现力的人，这不就是对人一生的影响吗？所以我的生命在这里就升级为"2.0版"了。

从事教育工作后，我反复阐述过自己是怎么从一个文学的爱好者成长为一个教育思想的探寻者的。其中有一个生命的经营历程，这种生命历程，逐渐使我把教育从职业变成事业，直至现在的命业。尤其是我对生命、儿童和童年的理解也变得越来越深刻，我称它为"3.0版"。现在我要朝着"4.0版"出发。当和青年老师、团队其他成员一起讲课的时候，我就提醒大家，是不是你也升级了你的生命版本？是不是在不断去写、不断去说、不断跟人分享、不断调节自己？因为每个人的成长环境不同，生活的状况也不一样，所以每个人对生命的自觉程度或者理解程度大相径庭。今天我们需要有沉静的思考：知道我们从哪里来，反复思量我们所经历的一切并能从这些经历里面获得领悟，而这种领悟最终会成为我们生命的滋养。其中包含着跟童年和解、跟父母和解、跟你所遭受的各种挫折苦难和解，同时还要重新认同职业。不管出于什么缘由，你选择了当教师或者从事其他职业，只有认同职业的价值，认同职业对你生命的意义，你才能成为专业人士。知道力气往哪里使，你就知道自己的短板在哪里，也就知道要用什么样的方式不断改进自己。

为人父母何尝不是这样呢？为人父母既艰辛又欢乐，需要付出很大心力，这是一个人一生的事业！处于各种矛盾冲突或者各种工作的烦恼中时，该怎么取舍、依据在哪？所以，干事业要成为所从事职业中的专业人士，做父母要做专业的父母，这都是对人生版本的提升。

人需要回看自己的童年，看自己生命中一种成长，看当下的生活以及各种境遇。我认识的很多教师，在精神上压抑、烦躁、苦闷，感觉自己找不到出路，有一些人精神上甚至患了病，我把它叫作当代病或者时代病。在教师里，精神受困扰的程度深浅先不论，但精神上不太健康的人并不少。

我一位朋友从事非教师行业的工作。突然有一天，他在朋友群里骂起来，莫名其妙地狂怒。当时大家都不知道发生了什么。我猜想他可能是抑郁症犯了。几个月后，他通过治疗调整情况改善很多，再跟大家聚会的时候，他说当时他真的是抑郁症发作，不能控制自我。当然更可怕的是他对自我的厌倦，对生活的绝望。他说他治愈的方式很奇怪：天气暖和、阳光明媚了，他就会感觉自己内心有一种蓬勃的力量，这使他的身体得到了很好的调整。他的疾病是工作压力造成的，虽未造成很严重的后果，但是也足以引起思考：我们要怎么改善自己的身体状况？怎么跟自己相处？那就是接纳自己的不足，接纳自己的不可改变，接纳自己的前景渺茫，所有人都无完美可言，生命本身就有缺陷、无法完美。更重要的是转化，这包含着接受与面对。继续活，努力活得更好一点，从能够改善的地方做起。前几年有一个词，"小确幸"，小小的、确切的幸福。当有了这种小确幸，去享受它、拥抱它，这样你的整个精神状况就能变得更好一些！

　　从人的生命而言，某些精神上的困顿，往往跟生命早期所遇到的各种困难有关，比如说由缺爱、缺鼓励、缺赞赏、缺奖赏和缺诚恳等构成的生命的阴暗面。在你遇到人生各种困顿的时候，它会扩张，会不断再生产、再繁殖，这是很大的麻烦。这时就需要一种转化能力。林语堂说过，人生的意义就在于做一些没有意义的事情。所谓没有意义的事情，就是非功利的人生娱乐，看上去闲情逸致，在无目的中去寻找目的。有太多的关注点被我们放在目的性上了，所以我们无暇体察那些闲适、从容感和小趣味。其实那些藏于大自然中的温暖、亲近，构成了治愈我们的力量。人怎么改善自我？改善自我时最核心的那粒种子种在我们的心田里，我们爱惜它、相信这一切的意义，我们的生命版本就能提升。从教师的角度来说，提升跟职业的能力有关，也与在职业里所获得的内在尊严有关。一个人内在的尊严感不是别人给予的，而是你对职业的态度与投入。孩子的真诚的回报，都是对你生命的奖赏，这会改变我们整体的精神状况。

并不是只有使用物质手段，才能够帮助我们的孩子，更重要的是对孩子进行精神滋养。有了精神的滋养，孩子才能真正对抗苦难、对抗失败、对抗人生的各种困境。我们谈教育，如果都是弱肉强食、丛林原则，这还能叫教育吗？我们都希望把孩子培养得更成功，但如果孩子没有更开阔、更理性的理解力，他如何去面对自己的失败，如何在复杂的环境里保持内心的宁静、自如？

为人父母，首先要建设好自己的生活，给孩子做好示范。对孩子而言，这就是最直接、最日常化的教育方式，言传身教、耳濡目染，需要每天都这样进行。父母的精神状况会成为孩子精神状况投射的源头。我们需要有种警觉，不要让孩子复制你的不幸，更不要让孩子复制你的某些粗陋或功利。能做到这种生命的自觉肯定很难。难，往往源于我们无知，也源于我们对这个问题没有仔细去思索。当我们思索时，改变就已经发生了。我们不是简单地对生活充满乐观，也不是对生活充满无力感，而是用建设者的方式，去建设生活。

第四节 "生命第一"的立场

　　现在我无论读什么书，都会把这些书看成是家庭教育的著作。为什么我会有这种看法呢？因为在所有书里，都涉及一个人思想的形成，涉及一个人理解力的提升，涉及一个人独特的发现是怎么得来的，这些书总会关联着一些生命的经历，比如你遇到什么、见识了什么、谁影响了你、谁启迪了你等。所以，我谈到人要寻找精神导师，这可能是你一生中非常重要的事业。他可能是历史上的人，他的著作会是你人生的向导；也可能是远方素未谋面的人，他的创造性思想，丰富的生命实践，或者他生命的风范，对你会有极为重要的启迪；当然更美好的事情是你的导师就在你身边，就是你亲近的人，对你耳提面命，会在关键的事情上对你有所帮助。由此，我归纳了三句话——身边有师傅，远方有导师，心中有偶像。师傅能够随时随地地帮助你，你可以先从他那儿找到一个最好的生命样本照着模仿，然后生发出属于自己的东西，叫"得寸进尺"。"远方的导师"重要的是精神的示范和启迪。重大的人生问题、生命课题和创新实践，往往需要一个有巨大精神辐射力的人给你提醒、点拨。所谓"心中的偶像"，指的就是你想成为什么样的人。每一个人都会有自己渴望达到的境界，这种境界往往会投射在具体的人身上，这个人就是你的偶像。

　　从教育的角度来说，最重要的影响就是生命的示范，黄克剑先生把它称为生命的范本。就像写书法一样，你需要好的范本来描摹。这个范本，就可叫取法乎上，仅得其中。追求的目标很高远，能够达到一半就很好了。如果取法乎中，可能就仅得其下，把目标放低了，得到的只会更少。如果取法乎下，就什么都得不到了。所以，生命的范本对每个人都很重要，谁是你的师傅，往往也预示着你会有什么样的未来。

　　再回到父母的视角来谈我思考的问题。其实，世界上有一种教育学叫父母教育学，父本跟母本对你影响最为深刻。父母一次性给你的东西，往往会对人产生重要的影响。父母一次性给了你什么呢？你出生在什么年代、什么国家、什么家庭，这些都是父母一次性给的，你不能选择只能被动接受。另外，一些与生俱来的东西可能也是父母一次性给你的，比如智力、健康和相貌等。作为父母你不可低估这种影响。父母需要积极地去理解孩子生命里面的某些波动，帮助孩子获得主动性，在理解和接纳的基础上，父母要让孩子得到充分的爱、呵护与鼓励，以此来促进孩子的主动性。某些生命的特质有相似的状况，成长却有巨大的不同。主动性是人性里面最有价值的一种力量。如果没有父母的温暖、呵护与鼓励，这种能动性就会停滞、板结和萎缩，会使生命变得没有生机和方向感。所以，父母最核心的责任，除了给孩子提供温饱、食物和安全感之外，还要把力量花费在对孩子生命的持续鼓舞上，尤其要对孩子进行有价值的鼓舞。这种鼓舞不仅仅根据孩子的现状和表现，因为有时候现有的东西会有某些不足和局限性。作为父母，不要去窥视孩子的未来，不要过早用消极的眼光去判断孩子的未来。对孩子生命进行的激励与价值判断，恰恰需要目光辽阔，相信未来。相信未来并非指一定要孩子达到你的某一个目标，而是这个目标一定是孩子自己确立起来的。作为父母，要用爱、热情和鼓舞帮助孩子确立自己的目标，这才是家庭中最有力量的所在。

英国学者曾把孩子的学业情况做过分类，说孩子在学业上往往处于四种状况：一种状况是学业有困难的，叫作追赶者，即老师跟同学已经出发到远方去了，我要拼命地追赶；比追赶升一级的叫作奔跑者，就是知道离得很近，要努力地奔跑；再上一级叫作跟随者，也就是老师往哪里走，我始终跟随着；而最高的境界叫作飞翔，飞翔者自己决定方向、决定速度、决定生命出发的节奏。这些分类说的并不只是学业的能力状态，还有引领人的精神状态。我们在开始时都是追赶者，不断朝前奔跑，紧紧追随，最后才上升为生命自由灵动，才有可能成为具有极好方向感、极好审美趣味的飞翔者。作为父母需要做功课，去理解生命的普遍规律，用生命的普遍规律来看待孩子的发展，这样就会形成对孩子的真切期待。希望孩子成为一个掌握自己命运的人，一个能从人生中获得幸福感的人。对父母而言，这是最重大的使命。

任何人生都只能经历一次，我们根本不知道孩子会走向何方，也没有经验可以告诉你孩子一定会如何。个体的人文立场，通过不断地重复、不断地创造未来，会汇集到人类命运的大河里。你创造的未来，其实以前的人都经历过了，但这仍然意义重大，因为这是你自己所经历的东西。

父母要用热情鼓舞的方式推动孩子，最重要的是要让孩子有价值感。人总是很容易被功利所左右，会被自己的经验和自己的见识所影响，父母总是过于强调自己的立场，并强加到孩子身上去。有些父母认为他们给孩子指引的道路最好，至于孩子的喜好或者天分是不是有价值，判断权都属于父母。我在一所学校曾碰到过这样一件事情，一个教授说他的孩子五年级，喜欢昆虫，到了假期就到处找昆虫。于是就有很多人嘲笑他，说别家的孩子都在上补习班，准备上初中，你的孩子还满世界找昆虫，昆虫能当饭吃吗？为什么很多人首先想到能不能当饭吃、有没有价值？我当时跟他谈论这个问题的时候就说，我们还需要思考，不同家庭培养不同的孩子，根据家庭的各种不同状况，可以选择不一样的路。你选择能够实现孩子梦想的那条路，倾尽全力去成全他这种梦想，这就是比较高的境界了。王鼎钧说：如果你的孩子家庭不理想，他就需要一所好的学校，好的学校能够弥补家庭教育的各种不足及各种资源的匮乏。如果连好的学校也没有，那就需要有好的老师。好老师很"贵"，但是坏老师更"贵"，因为坏老师很可能会毁了孩子的梦想、毁了孩子的自信心、毁了孩子生活的热情。

今天的教育有时会让人有种无奈，你甚至没办法选择学校，更别说选择好的教师。怎么办？王鼎钧说：那就需要培养孩子顽强的意志，而培养孩子顽强意志的核心是需要通过家庭的努力。刚才谈到，作为父母要激发孩子的生命能量，在孩子前进的方向上加以引领，鼓励孩子去经受各种折腾。从教育的角度来说，现今人们过于信赖应试教育，相信其能造就的某种格局，好像它是一条通天坦途，只要你学业好了，人生就能够如意。学业并不是通途，对某些孩子而言可能还会难以适应，而这种适应是个体性的东西。从父母的角度来说，让孩子去经历、去折腾，并不是以牺牲他的健康、自信心和优势领域为代价，而是需要父母更开阔地去看待孩子有什么优势，有时候他的优势就是他未来最大的幸福可能性。我讲过这样一个例子：一个孩子的父亲是汽车维修员，孩子从小就陪伴父亲，耳濡目染给父亲当帮手，孩子对汽修特别感兴趣。他父亲不愿意让他学修理汽车，可孩子的学业确实不太理想，最后进了职业技术学校。进入学校后，他原来的经历、天分和经验就表现出来了，经过考试，进了修理高档汽车的班级，毕业以后，很多厂家都抢着要他，他也成了一个非常厉害的汽车工程师。上次我还听到一个朋友孩子的故事，有一次他父亲去修车的时候，这孩子发现自己能够用耳朵听出哪个汽车轮胎漏气。汽车修理厂的老板很是惊奇，说："从来没有遇见过这样的人，能够用耳朵听出是否漏气。好好学习，不管你学什么，以后都可以到我们公司来。"这难道不是天分吗？

让孩子在他的优势领域里折腾，可能他会经受各种痛苦，也可能难以被人理解，但有时孩子就需要有一个曲折的成长之路。所以，父母千万不要对孩子的职业分等级，不要对孩子的兴趣爱好分等级，更不要贬低孩子的某些特长，尤其不要否定孩子在某些优势领域的价值。作为父母需要有更开阔的理解，对于孩子未来会成为什么样的人，其实父母也很难判断。最好的方式就是让孩子去尝试，让孩子去找到自己，也许找到自己恰恰是他的天命所在呢！他能找到自己的幸福，活得自如、自在，活得欢乐。那不是最为美好的事情吗？

我一直有一种理解，就是不要为孩子的未来太担心。小时候我爸经常跟我说儿孙自有儿孙福，在我们的传统文化里，也经常会讲到人各有命。如今，父母对孩子成长的焦虑往往表现在对孩子的未来缺乏信心、过于担忧，这会使父母更信赖可怕的应试教育。如果父母有勇气去面对，就要培养孩子适应未来的能力。未来的世界叫未来已来，我们的生命格局已经发生了很大的变化，文化会持续影响着一个人的价值判断，影响着一个人对未来的估计。有些人总觉得走老路更可靠，没有找到新路就走老路，实际上已经有了新路，但是人们不信任新路，还是习惯走老路。所以今天我们说到教育时有点沉重，包括家庭教育方面也仍然比较软弱。那些美好的品格，孩子的梦想，这一切如何能够跟应试教育对抗呢？人们总是会这样想问题。就像我做的生命化教育，有人说在应试教育面前生命化教育会碰得头破血流，说得没错，但我们一定要想到另一方面，改变仍然可能，改变也在发生。所以，在我的教育立场里，始终有一个立场叫：生命第一。

首先要让孩子活着，健康、快乐地活着，能够活出自己的意义来，这才是教育的第一宗旨。当这个宗旨与某些生活或某些处境发生矛盾时，作为父母要站在哪一边？那一定是要有勇气站在孩子生命这一边。有些做法是在跟灾难拔河，如果父母能够添加一点正力量，相信一定会以胜利而告终。父母如果成为应试教育加在孩子身上的最后一根稻草，那情形就非常糟了。

有些孩子发生不幸，部分是跟孩子在学校的处境与各种遭遇有关，如果去追溯，更主要的原因一定来自家庭。家庭的麻木、粗暴和冷漠，在孩子遇到困难的时候熟视无睹等。有些孩子已经抑郁了，很多父母还没有勇气担当自己的责任，反而认为孩子在装病。其实，所有人的勇气都非常有限，没有家庭的温暖，勇气就会消失殆尽。作为父母，你会站在哪里呢？父母教育学最核心的东西是父母要站在孩子一边，父母最需要思考的就是如何帮助孩子。在孩子有困难的时候，父母坚定的立场、温暖的话语、有力的拥抱，就是美好的世界、重要的绿洲、精神的家园。不要低估了父母的力量，这是家庭中教育的勇气。所有的父母都需要有这样的勇气，跟孩子一起成长，努力为孩子创造一个能够表现出他生命自信的家庭环境。我相信我们的孩子一定能够走得更好，走得更远。

第二章

家是一生的力量场

第一节 唤醒父母的生产力

《父母改变 孩子改变》这本书的书名很有意思，父母改变，孩子就会改变。你可以把它看成某种因果关系，其中最重要的是父母要先改变，孩子才会改变；当然你也可以把它看作一种跟进关系，父母改变了，孩子也会跟着改变。其实还可以这样理解：即父母改变了，孩子也会改变，孩子改变之后，父母还会接着再改变。也许在中国最需要受教育的并不是孩子，而是他们的父母，大部分做父母的并没有受过必要的专业训练，所以在做父母时就会出现各种各样的问题。"世界上没有任何的工作，比做父母更易犯错、更具风险，也没有任何的工作比做父母更令人欣慰、感到自豪"，孩子是我们的甜蜜、我们的忧伤，把孩子教育好了，我们会感到很甜蜜，在教育孩子的过程中出现差错，我们会感到很忧伤。事实上，今天家庭教育被社会普遍重视的程度，可能是前所未有的。经常有人会想，是不是今天的孩子才有这么多的问题，而原来的孩子没有。12世纪末欧洲就出现了专门研究孩子成长的书籍，它可以被称为家庭育儿学，这也是家庭教育的开始。当然，在我们中国也是如此，最经典的"孟母三迁"故事里，就包含着很多对家庭教育非常深刻的理解。另一方面，今天的中国社会，家庭生活的形态发生了很大的变化。比如在传统家庭里面普遍存在的是父母共育模式，父母首先是跟孩子生活在一起的，哪怕是三代同堂、四代同堂，但教育孩子的最重要的责任是在父母身上。有一种说法叫严父慈母或者严母慈父，两种说法其实都强调了教育孩子时父母是要共同承担责任的。在传统家庭里面，无论父母怎样分工，他们一家人都是生活在一起的，这是一个普遍的生活样式。所以在这种情形下，可以说每个孩子都是在父母眼皮底下成长的。因此，孩子一旦犯错，父母就能及时发现、及时纠正、及时管束，这些错误就很容易从源头上得到解决了，或者说从一开始时就被有效解决。所谓积习难改，就是孩子犯错误很久了才被发现，这个时候习惯已经养成了，想要改善非常难。

在中国传统家庭里面还有另一种情形叫长幼有序。也就是在一个多子女的家庭里，无论是大哥还是大姐，其实都承担了很多父母教育孩子的责任。记得我两岁的时候有了妹妹，奶奶和妈妈都跟我说：你现在是哥哥了，有帮助你妹妹的责任，同时还要给妹妹做榜样。真的是弟弟、妹妹一生出来，大哥、大姐就长大了。如果你家里有两个孩子，只有一个苹果，你会把这个苹果交给大的还是交给小的呢？很多人会说当然要交给小的，小的更需要疼爱，那么会出现什么情形？小的拿了苹果后非常开心地吃，而大哥呢？他会觉得非常委屈，为什么好吃的东西都是给他吃？而不给我吃？那反过来会发生什么情形？只有一个苹果，如果你给了老大，老大不一定舍得独吞的，因为他有责任感，觉得他要跟弟弟、妹妹分享。在这样的情形下，老大有责任感，而小的自然而然地会对老大的身份有强烈的认同，他会想到家里的大哥是我哥不是我，无论父母怎么疼爱我，我都得听我哥的话。所以中国传统社会有一种说法叫长兄为父，长姐为母。在这样一种家庭里面，大哥、大姐做了一个很好的示范。当然也包含有时候弟弟妹妹出差错、出纰漏，父母还没发现，大哥、大姐先发现并纠正了，他们之间有一种很自然的相互教育。做大哥、大姐的带头，也很自然地对弟弟、妹妹会有很大的帮助与影响。在以前的很多家庭里面，包括我们这一代兄弟姐妹多的家庭里，情况大抵如此。中国的传统社会，是一个熟人社会，无论是村庄还是城市里的一些社区，大家彼此都是熟悉的。一个孩子犯了错，虽然父母或家里人没看到，可一旦村里人看到了，这样事情就会传到他父母耳朵里，所以村里面的规则习俗以及礼仪等，对所有人都有巨大的约束力。

　　一个孩子不只是在自己家不能犯错，在村庄里、在熟悉的亲戚朋友、熟人眼皮底下，也是不能犯错的。有种说法叫"举全村之力来培育一个孩子"，大家都有这种共识，自然彼此之间也就形成了一种相互教育、相互约束的习惯。所以在传统社会里，其实就形成了三种约束与管教的模式，这对一个人的品行、生活习惯、对社会常见规则的遵从，都起到了比较好的影响与作用。就一个人成长而言，他是一层一层转化的，他总是从父母转向兄弟，再转向熟悉的社区。在这种转化的过程中，他的基本行为习惯就逐渐形成了，也形成了对大家普遍遵从的社会规则的认识，同时也包含着其精神成长是从父母到兄弟，再到社区一层层推扩的。我在童年的时候对这种约束的感受很强。我们那时候还有生产队，生产队的水果就长到我们自家的院子里面，但是你绝对不敢摘，因为垂到你院子的水果被摘了或者是在你家的院子消失了，你是很难逃脱干系的。大家都很害怕被人说。怕人说，其实就是一种道德的约束。但是现在这一切在核心家庭，特别是在只有一个孩子的家庭时，这么一个分苹果的规则就失效了，家里只有一个孩子，一个苹果你不给我吃给谁吃？甚至有时管教孩子放任、撒泼的难度也大了很多。独生子女的教育不容易。教育一个孩子需要集体的力量，兄弟姐妹间的相互教育、村落的共同教育、父母的教育，就能形成一种巨大的影响，这是第一方面。

一个人读书劳作以及在自然中游戏，他的生活是三位一体的。比如说你读完书回来要做家务劳动，到了周末或寒暑假家务活在那里等着你。每天除了读书之外，很多该你做的家务活就等在那里了。在很多家庭中，实际上孩子的劳动负担随着年龄的增长也在不断加重。也就是说劳动习惯的养成不是一个道德教育，它一定是一个实践教育，你去动手动脚、去身体力行，慢慢地就能形成良好的劳动习惯、形成一种责任意识、形成一种大家普遍认同的劳动价值观。但是在今天很多父母觉得书包太重了，连让孩子背个书包都舍不得，是父母帮着背；孩子倒个垃圾，父母觉得垃圾太脏了自己来，需要孩子动手跑腿的事情都免了。父母觉得好像只有读书才是第一，而读书的目的就是为了考试，考试的目的就是为了升入更好的学校。父母忘记了：一个孩子的成长需要劳动教育，规则教育，必要的约束、必要的惩罚等。教育之所以出问题，核心就在观念上，更为重要的是忽略了生活实践的作用。如果我们在生活实践上从小就给孩子进行必要培养的话，就不会培养出那些四体不勤、五谷不分、没有劳动素养、没有劳动责任感的人，这是第二个方面。

第三个方面，在传统的多子女家庭里，父母普遍没有今天独生子女或者只有两个孩子的家庭那么焦虑，一方面因为生了五六个孩子的父母，没有太多时间；另一方面父母可能容易发现孩子之间的差异。比如同样是兄弟姐妹，有的可能特别强壮，有的可能比较瘦弱，有的特别聪慧，有的相对愚笨；可能有的孩子优势在手指上，有的孩子优势在大脑上，他们之间会形成一种自然选材——就是你擅长什么，就会努力往这方面发展，如果不擅长，也不要拼命地补短板。其实光靠补短板是成就不了一个有作为的孩子的，更重要的应该是各擅其长、各有成就，每个孩子都活得快乐，每个孩子都能活在自己的优势领域里面。这样孩子在他的人生中就没有那么惶恐，也不会老那么急着跟别人做比较，他有他的优势，他能把他的优势发挥到更好的状态，也许他就是某个领域的小天才。

世界上有很多的事情别人能够代替你做，但是父母这个角色不行，做父母具有唯一性。一个孩子叫你爸妈是要叫一辈子的，而你为人父母的责任可能也会延续一辈子。所以一旦孩子出生，你免不了会有点忧伤、心情会有点沉重，好像时时刻刻加了一副重责在肩。这就对了，生个孩子不容易，养一个孩子就更难了。在《格林童话》里有这样一个故事，有一个国王嫌自己的女儿整天哭泣，实在受不了了，就问大臣们有谁能够让他再看到女儿时她已经长大了，不会哭泣了。结果一个大臣说他可以做到，然后他就抱着这个孩子离开了王宫，等过了16年之后再回来时，这个孩子已经长大了，再也不会哭泣了。当然这是一个寓言，你生了孩子，就应该承受孩子哭泣、吵闹，接纳孩子不断犯的错。培养孩子的过程漫长艰辛，这是你一定得体验的。作为父母，要去学习，要有很强的学习意识，其中更重要的不是理论学习，而是学完理论之后，要在生活中努力去实践。比如说有一些父母特别是爸爸原来抽烟，你抱着孩子还能抽烟吗？原来在家里时你很放任自己，但是现在孩子读书了，需要你陪伴了，需要你给他讲故事，你是不是要有更强的责任意识？要放弃自己的某些娱乐、某些生活习惯？这很重要。

　　有一个爸爸曾经跟我说过："我实在受不了我的女儿，每天要我讲故事，有个故事已经讲了二十几遍了，她还要我讲。而且你哪里讲错了，她都会纠正你，既然她都知道了，为什么还要这么折磨我？"我告诉他这不是折磨，而是孩子的一种学习方式。她希望在重复中学习，尤其是两岁到三岁的孩子，就会有这种爱好，他们会没完没了地要你讲故事，讲同一个故事，他们乐在其中，而大人可能会很崩溃。说明你还没明白，有时候做父母的就得受这一份罪，甚至就得不断地被孩子折腾。我们要经常思考一下：做父母后，身上有哪些东西最需要改变？有人研究过，父母的很多习惯特别是不良习惯，有60%以上会被孩子传承。父母喜欢抽烟，孩子可能就更容易抽烟。酗酒不仅是一种遗传，更重要的是你对酒的态度，对饮酒的态度，对孩子影响很大。可以这么说，你的孩子真的会像你的孩子。所以你就要考虑自己到底希望孩子什么像你。有一位作家说过，世界上优良的品性，就像那些珍贵的花草一样，培植起来是很艰辛的。恶劣的品性就像野草一样，野草总是有更强的生命力，所以你不下功夫，你的花园很快就会被野草占领。孩子的成长也是如此，所有的优良品质，都需要父母费心的教育，都是通过父母耐心细致的坚持才能得到的。

　　对父母而言，在孩子成长过程中，我们要提升对怎么做父母的认知，其中最重要的就是作为父母，他的学识与实践可以知行合一。言传不如身教，身教总是更为有效。有一些父母曾来咨询自己孩子做事情太急躁怎么办，这时我总是习惯地回问，那你夫妻两个人谁会更急躁一些？至少有一个人、有时候有两个人，甚至有一个家庭里爷爷奶奶或者外公外婆也很急躁，很自然这种影响是连贯的。我们父母要考虑，如果你没有改变，想让孩子改变或许不太可能。当然另一方面，我们的认识还需要有一个升华，那就是不能想当然，认为自己原来所经历的，在孩子身上能够同样有效。时空已经变化了，原来的东西未必有效。比如，我小时候是经常被父母打的角色，但是现在能打孩子吗？现在能动不动就当众斥责孩子吗？绝对不行。这并不是说今天的孩子变得更脆弱了，而是今天的孩子更有尊严感了。作为一个人，今天的孩子更在意自己在父母心目中的地位，这是不能轻易被侵犯与挑战的。在父母所犯的错误中，最严重的就是对孩子生命的伤害、对孩子尊严的侵犯。在孩子表现不好的时候，动不动就斥责，用污言秽语或者恶毒的语言谩骂孩子，比如"这个事情都做不到，你活着有什么意思"之类的语言。父母千万要有这样的意识，做父母的要有底线，要有边界意识，父母不应该说一些偏执、过激、毫无理性，很可能会给孩子造成生命危机的话语。父母还要有一种意识，你成功的某种可能性不一定具有普遍性。教育孩子要从孩子本身做起，这样你才能知道，有时孩子真实的困难在哪里，他最需要帮助的地方在哪里。对孩子来说，父母一次性就给了他很多东西：相貌、他出生的时间、一个家庭或者健康。这都是一个人最大的命运，这是最难改变的地方。父母要有这种意识，有时候孩子身上某些不可变的东西，都跟父母的一次性给予关联很大。所以我们不要想当然地说，孩子的一切都可以改变，孩子的一切都能向好的方向改变，孩子的一切都能非常快捷地改变。换一个角度，作为一个父母，你是需要跟岁月拔河的，从孩子需要改变、需要促进的地方先耐心地做起。耐心地做，这就是走正道，走着走着道路就会变得宽阔，走着走着你就会明白，你的孩子到底是一个具有什么样个性特点的孩子。慢慢地，你就不那么焦虑了，你就知道孩子最终会成为谁，你会对他充满信心，他所成就的一切也是你所期待的。

　　父母要唤醒自己身上那种文化力量，唤醒自己身上的责任感。其实所有的父母都能变得更有智慧，所有的父母都会因为孩子美好的成长而获得更多人生的快乐。

第二节　重建以孩子为重心的家庭文化

家中只有一个孩子是很难教育的，两个孩子就容易一点，因为孩子之间会形成相互教育，相互教育也是一种特别有效的教育方式。当然更为重要的是，无论一两个孩子还是多个孩子，作为父母来说，对孩子的陪伴才是亲子关系里最重要的一种方式。亲子关系里最重要的责任，就是陪伴。陪伴，首先说明了亲子关系的本质。因为一个孩子来到这个世界后，他的成长过程是很漫长的。大概在世界上几乎所有的生命中，人类是亲子之间陪伴时间最长的。这也恰恰是人之所以成为人，人之所以能在所有的动物中成为胜出者，成为一个最有优势的存在的原因，它与亲子陪伴时间的漫长是有关系的，所以它是一个生命最本质的需要。一个孩子长得慢，很可能意味着他才能长得好、才能活得久，长得慢正是人类最大的优点。但是在这么慢的成长过程中，谁要在身边？当然是父母。在孩子的成长中，尽管有些工作别人能够代替，只要父母不在场，孩子一定就会缺乏安全感。很多工作别人是可以代替，但是作为父母的存在别人代替不了。尤其是在孩子成长的生命早期，他有一种本能的直觉，妈妈是否在他是知道的，几天之后，他就能辨认出妈妈的气味，感到妈妈的怀抱最安全。他觉得妈妈的声音是世界上最美妙的，在他哭的时候，妈妈的怀抱就是最好的港湾。这种关系，是一种本质的关系，是本性的需要，所以你不能随便扭曲它，随便改变它。扭曲与改变，是违反人性的，一旦违反人性就会有苦果和各种意想不到的麻烦。因此，从父母的身上，有人可能会看出他们受过什么样的教育，有什么样的经济状况，有什么样的社会地位。作为父母，最重要的是在孩子最需要的时候，他就在边上，他能时时刻刻陪伴着孩子。

人的本性需求就是母亲在场、父亲在场，然后是其他家人的协助，它是有一种顺序的。而这种顺序恰好跟生命的内在需求相关，内在的需求也是人精神成长的需求。你做对了就没奥秘，一旦做错了你就会发现其中的奥秘可大了。你只要在孩子身旁，这种陪伴可能解决孩子的很多问题，不会造成他生长的精神危机。所以有学者说，母亲对孩子生命早期的影响，就像印一样刻在那，你不能因为别的孩子不在母亲身边都能长得好，就轻易去尝试，认为自己的孩子也会没问题。不在母亲身边长大的会长不好，这是一种规律，做对了，你就没麻烦；做错了，麻烦大了。千万不要认为一个孩子的性格问题是天生的。奥地利的心理学家阿德勒曾说，在人的智力、身体能力跟性格中，最容易改变的是性格，最难改变的是智力。既然是性格容易改变，也就说明它是受后天影响的：受环境和父母的影响，所以它最容易改变。性格这么容易受影响——它潜伏着各种各样的危机，如果在源头上做对了，做父母的麻烦就少；在源头上想当然出差错，或者出于某种需要去改变它，麻烦可能就很多。这是我这些年讲家庭教育时，在跟父母们的对话中反复强调的。

孩子身上存在的很多问题，我们需要去追根溯源。有时候孩子出了问题，你知道源头在哪里，想改变也很困难。所以，更年轻的朋友，从一开始就获知生儿育女的基本常识，从一开始就做对，是善莫大焉啊。我认识一个女孩，她生孩子比较早，她是在心理、心智上都没有完全成熟时就做了妈妈。那天她跟我留言说要向我学习家庭教育，我以为她准备结婚了，不曾想她告诉我她已经做了妈妈了。我很吃惊，她自己还是个孩子，怎么就做了妈妈呢？我们要反省一下：一个人要做母亲时，除了要考虑身体因素，还要考虑精神与心理成熟与否。

有些人虽然做了妈妈，可能并不称职，她对自己母亲的身份没有那么强烈的认同，对做母亲会遇到的各种艰辛与挑战，还没了解透彻。所以在遇到问题的时候，她很可能会把孩子移交给老人或其他人，自己过未生育的生活，这是不对的。陪伴，首先是时间的投入、身体的投入以及情感的投入，然后你还需要具有专业的认识。有了孩子以后，你要过正常的家庭生活。所谓正常的家庭生活，最重要的就是跟孩子在一起，以孩子的成长为自己思考的出发点，营造一个更好的家庭氛围以促进孩子良好的发展。所有人的生活都是有边界的，你也要及时更换频道，做了妈妈就要像个妈妈、做了爸爸就要像个爸爸，时时刻刻不要忘了自己的责任，甚至生活形态上都要发生变化。我提出"下班的路是回家的路，夜晚的时间是家庭的时间"这一观点。有无数的事例都证明了这一点，对一个孩子而言，最重要的并不是他的父母受过多少的教育，而是父母真实地给了他多少的爱，多少温暖、鼓励与陪伴。

在人生命的原初，他最需要的就是这种最根本、最基础的东西。所以，父母能不能准时回家，能不能陪伴孩子成长……实际上让孩子在你的身边成长是容易做到的。我有个朋友，孩子小时候他在很忙碌地创业，孩子寄养在保姆家，孩子上幼儿园与小学后又寄养在老师家。结果孩子到初中之后特别逆反，跟爸爸妈妈没感情，对家庭也没认同。大多数孩子到了

13岁会进入一个很危险的年龄段，他会做很多你意想不到的事情，你会觉得很荒唐。这时候不要从遗传上找原因，要从生活中找原因，从孩子成长的环境、孩子的精神需求上找原因。这样的孩子很容易跟那些灰色地带的孩子打成一片，因为在那里他能获得认同、获得理解、获得温暖。麻烦就这么简单地出现了。

在我的调查问卷里，我国初中生在遇到紧急情况的时候，有60%左右的人并不是马上跟父母或老师说，而是跟他的朋友说，只有10%左右的孩子会想到告诉老师或父母。为什么孩子跟你这么疏远，孩子有难处的时候不愿意向你求助？因此父母要反省，反省自己的教育是否有效，是否建立在你跟孩子情感的基础上，孩子是否觉得你的话他一定要听。最重要的不是父母的话是否都有道理，而是孩子跟父母是否有这种认同感与亲密感。他是否总是首先会想：这是父母的话，我要用什么样的方式接纳。这一点很重要。很多孩子跟我说，有时候父母虽然话说得很对，但是他就不太愿意听，因为父母的腔调不对。有个孩子告诉我他这么在意腔调方面的原因，是因为他父母从小就是用这种严厉的、居高临下的、想当然的腔调跟他说话，他觉得在父母的眼中他就是一个什么都不行的孩子。事实上，这样的孩子一旦稍微长大一点，就会表现出强烈的逆反倾向，跟父母对着干、势不两立，有时一件小小的事情也会和你吵翻天，甚至会出现家庭悲剧。所以，我们要去思考孩子的成长，他们成长的根本方法是笨拙的，从古到今没有多大变化。这是人性的普遍规律，你陪伴他，诚恳地接纳他，跟孩子交往中始终乐意与他们分享。孩子跟你说话，你总是耐心倾听；孩子出现问题的时候，你不简单指责，而是跟孩子一起去解决。在这个过程里，父母也就学会了怎么做父母：其中一种学会是从经验与书本阅读的角度来说的，而另一种学会就是在跟孩子相处时，时常跟孩子一起研究、探讨，同时注意向孩子学习。

另外，在一个家庭里面，夫妻也是需要分工合作的。这种分工合作有几种：首先最为重要的是夫妻之间要有共识。这个共识不是马上就能形成的，有些需要经常协商讨论，针对具体的问题发表各自看法，在磨合中一对好夫妻才能变成好父母。这种共识很重要，它包括价值观，包括孩子的生活习惯、学业方面、与人交往以及时间安排等。所有的问题都是不断生成的，并不是说你事先都准备好了，只等着孩子出生就行了，而是孩子出生之后，这些问题才会被你碰到，不断地挑战你。所以夫妻之间形成这种协商意识后，才会逐渐形成共识，有了共识家庭矛盾就少了，家庭就不容易发生冲突。在教育孩子的时候，父母这种合力会使教育更加有效，这是其一。

再者，父母也需要具体的分工。在中国传统家庭里的分工叫女主内男主外，母亲对孩子精神成长、情感的丰富有非常重要的作用。尤其在孩子9岁之前，一个孩子情感是否细腻、健康、正常，是否具有良好的审美力、艺术情趣，更多受的是母亲的影响。父亲会更多自然呈现出一种社会的责任。父亲的重要影响在孩子9岁左右凸显出来，孩子对父亲的需求就变得非常强烈了。父亲不能错过适时出现的时间，当孩子需要时你一直都能在。

英国的学者发现，胎儿就开始辨认、寻找父亲，他对父亲的声音非常敏感。当然在孩子出生之后的相当长时间里，母亲很重要，但是从孩子读幼儿园开始，他已经有意识到地寻找父亲，到了9岁之后，对他更重要的影响也来自父亲。到四年级左右，母亲对他的影响已降到只有40%左右，而父亲的影响变得更大，所以如果此时父亲还缺席，必定会让孩子在性格、社会能力发展以及自信力、表现力、勇气、跟人合作的态度、吃苦、承受挫折能力等方面有麻烦，所以每个家庭都要有这样的意识，这也是一种分工。

另外，在家庭日常家务上，同样需要有分工意识。哪些事情需要父亲承担、哪些事情需要母亲承担，有必要分清楚。每个人都明确了自己的责任，谁也不推诿、不找借口，该谁做的事情谁做。比如，我孩子小时候，我承担的一项工作是接送孩子。晚上加班再辛苦，早上我都得起来把孩子送到学校，从幼儿园到小学一共八年时间，除非我出差或者生病，接送孩子基本没有间断过，有时我生了小病也不能找借口。你必须尽到这个责任，这本身对孩子也是非常好的示范。爸爸、妈妈各自承担着自己的责任，孩子要不要承担他的责任？有了这种示范，有时候无须讲道理，因为孩子在家里看到的就是这种情形，他长大之后他很自然也会如此。所以，这种家庭分工就是给孩子最好的教育。孩子幼儿园时期对父亲开始敏感，9岁之后父亲影响会不断加大，这还包含另外一层含义：即父母本身的出场顺序有所不同，侧重面有所不同。虽然是共育，但是共育培养孩子成长的不同时期侧重点也不同。这意味着母亲从一开始几乎是覆盖了孩子成长的所有领域。从幼儿园开始，母亲就要学会逐渐退场。9岁以后，母亲就要让父亲在前，这对孩子的精神成长有一种很好的示范。父亲如果总不在家，孩子向谁学习呢？可能都向母亲学习，而向母亲学习身上会显出某种不恰当的阴柔。如果父亲在家，即使这个孩子很淑女，但骨子里总有一种自信、从容和英姿勃发的神采。虽然是一个女孩子，她也是有个性和自信心和表现力的。

日本的学者河合隼雄发现，如果父亲经常不在家，不能承担自己的责任，不能跟母亲一起担负家庭的重责，那么在父亲缺席的家庭里，母亲容易急躁、失控、不安、动怒，容易对夫妻情感、对家庭生活产生怀疑，有时候又会把对丈夫的情绪发泄在孩子身上，这些对孩子都会有非常负面的影响。这种负面的影响，如果家里是一个男孩，这个男孩就会胆小、懦弱、脆弱。如果是一个女孩，这个女孩就可能像妈妈一样急躁、狂乱、粗暴。总而言之，它都是一种失衡或是家庭情感失控所造成的各种弊端。所以在正常的家庭里面，夫妻共育、共同承担责任，夫妻之间有鲜明的分工，夫妻能够意识到在孩子不同年龄不同能力的发展中，自己该担负不同责任。在教育孩子时父母一方面没有那么容易焦虑，另一方面父母之间形成了一种积极、良性、灵动的关系。这样的家庭会比较温暖，家庭生活中很多美妙的时刻就成了大家共同的记忆，对孩子的一生来说，这是妙不可言的。

我特别强调重建家庭伦理，这包含着家庭成员共同生活、共担责任、明确分工，大家一起努力促进孩子更好地成长。

第三节　用健康的方式培养正常的人

　　我一个朋友的孩子，因为小时候服药不当，孩子听力严重受损。孩子很小时听力受损并不容易发现，一直到3岁经过检查之后才发现孩子基本上没有听力，3岁多了还不会叫爸爸。一方面孩子需要药物治疗，另一方面我的朋友每天回家之后都教孩子叫"爸爸"。后来他统计了一下，他教了孩子3万多次。当时他们家住的是单位宿舍，房子隔音效果很不好。隔壁的同事每天都会听到这位爸爸在家里不停地跟孩子说"叫爸爸、叫爸爸、叫爸爸"，这位同事简直崩溃了，跟单位领导说要么给他调宿舍，要么直接把孩子送到一个需要治疗的地方。最后，他们只好搬家了。但是我这位朋友教了孩子3万多次后，奇迹真的发生了，有一天他的孩子真的会叫爸爸了。虽然过了20多年，但我的朋友跟我说起这件事时，眼泪仍会夺眶而出。所以对于孩子自然的成长，有时候我们不会觉得有多神奇，但是特殊孩子的成长需要父母付出巨大的耐心。

　　现在他的孩子已经在德国读完研究生回来了，你可能会觉得真是意想不到，但是所有的意想不到，都包含着父母意想不到的努力。如果当时父母放弃、父母绝望呢？如果相信这个孩子就只能如此呢？也许就会影响孩子的一生。所以作为父母，真的需要有这种毅力与决心，无论你的孩子是否一切都正常，是否有各种各样的不足与缺点，你最需要做的不是对孩子进行指责，而是自己能为他做什么、能尽什么样的责任，用自己的努力去成全孩子更好的未来。很多奇迹的发生都跟父母的顽强意志有关系。人的一生不是短跑，而是极为漫长的马拉松。人生真的是长长的马拉松，你需要跟岁月拔河、跟灾难奔跑，需要相信每个孩子的价值，相信孩子的神奇，相信孩子的命运就掌握在父母手中。

面对着孩子成长过程中的磨难、挫折甚至失败，父母需要反思。曾经有一个父亲给我打电话，说他孩子遇到了问题，因为读初三时成绩不好，他找关系把孩子转到了一所不错的学校，但是孩子去了这个学校以后崩溃了，学业跟不上更加自卑甚至不愿意上学了。这位父亲问我怎么办，我说："如果孩子考不上你所期许的中学，他还是不是你的孩子？"这个父亲说"是"。我又问："这个孩子甚至高中都考不上，还是不是你的孩子？"父亲迟疑一下说"是"。我接着问："如果这个孩子身体有各种难以改善的疾病，你还是不是他的父亲，他还是不是你的孩子？"这个父亲回答我"他是我的孩子"。我告诉他，既然我们生下了孩子，就等于生下了对他一生的责任，我们跟孩子之间这种亲子关系，是不可能因为孩子的失败、落后或者没有达到你的目标就改变了。当孩子遇到难题的时候，我们一定要有一种更强烈、更自觉地守护孩子生命的意识，生命第一，活着就有希望，活着就是最幸福的事情。很多悲剧源于父母的想当然、简单粗暴和恶言相向，这些行为最后会使孩子觉得自己学业失败、人生失败，而人生的失败就是所有生命价值的破产，你说活着还有什么意义呢？生命才是最可珍贵的。

我讲了我对《木偶奇遇记》的解读。匹诺曹一说假话鼻子就会变长，匹诺曹不断犯错，不断地遭遇各种各样的挫折与困境，但每次他都绝处逢生能获救，最后他恍然醒悟，成为一个比较正常的儿童。当然这只是童话，在他每一次遇到难题的时候，背后总有那个仙女在毫无怨言地伸出救援之手。我认为这个仙女就是一个好母亲的形象，妈妈的化身。面对孩子所有的麻烦，真正的好妈妈首先都会无怨无悔地提供帮助。你先帮助他、支持他并坚定地站在他身后，最需要挽救的是孩子的生命，帮助孩子走出困境，让孩子有依靠、不绝望，这是教育里面的第一原则。这样的好妈妈世上肯定是有的，我希望所有的妈妈都能成为像匹诺曹遇到的仙女那一样的妈妈。

有一次我去澳大利亚旅行，正好赶上澳大利亚的国庆日，那天我跟朋友们一起到一个广场去看演出。那位澳大利亚朋友的孩子大概只有3岁，在我们谈话时孩子突然不见了，这下可把我们吓坏了，大家分头去找，好不容易才把孩子找回来。之后爸爸跟这个儿子之间发生的事情让我特别震惊。一般这种情况父亲都会恼羞成怒，特别是当着这么多朋友面受到这种惊吓，会觉得特别没面子，会对孩子严加指责。但是这个爸爸悄悄地把孩子带到我们听不到他们说话声音的地方，独自面对着孩子。他身高将近一米九，单腿跪在地上握着孩子的手，耐心地跟孩子讲了大概半小时的话。他们回来后，我们问他跟孩子说了什么，他笑着说这是他跟孩子之间的秘密，后来说他就是在跟孩子讲道理。我们说孩子这么小，讲道理他能听得懂吗？他说我们给孩子讲道理，最重要的不是他听不听得懂，而是你讲道理的方式孩子是能够感受得到的。首先你要蹲着或者半跪着，把自己的高度先降下来，看着孩子的眼睛、握着他的手，温和耐心地把道理反复地跟孩子强调，重要的不仅是改善孩子的行为方式，而是要让孩子感受到你作为父亲对他的爱。我们有些家长简单粗暴地指责孩子，动不动就是伸出一只手指恶狠狠地指着孩子，或者无效之后，变成打一个巴掌。家长对孩子恶言相向，孩子很难感受到真诚与爱，这样的教育怎么可能产生积极正面的效果呢？最好的教育应该是手握着手、眼睛望着眼睛，真挚而又耐心，这样教育才能获得结果。

一位校长告诉我他们隔壁的一所学校发生过一个悲剧。一个初中生学业成绩不好，品行方面也有问题，班主任很年轻，把他父亲叫到了学校。结果这个父亲恼羞成怒，当众就打了孩子一巴掌。学生冲动之下跑到旁边的楼上跳了下去，造成了无法挽回的悲剧。因此我们需要问问自己的内心，是否真的爱孩子？是否把真爱表现在跟孩子每天的相处过程里？我们每天花多少时间陪孩子？我们家庭的生活是否真正做到了以孩子的成长为中心？就像一个导演说的，当你做了父母之后，就要把自己人生目标的一半让路出来，成全孩子的生命，要把你的成功变成孩子的成功。我经常讲，老师都需要把自己的孩子作为一生最重要的学生加以培养。好老师是容易培养出比自己快乐、健康、幸福的孩子的。虽然这是跟老师说的，但这个道理适用于父母。父母应该把自己的孩子当成自己一生最重要的一个学生，细心调教、热情帮助。

爱迪生说过，一个人的成功，除了有1%的灵感之外，更需要有99%的汗水。这句话虽然强调了汗水很重要，但还有1%的灵感可能更重要。但这句话反过来讲也是对的。对每一个人来说，也许你的灵感只有1%，但是你要想成功，就需要付出99%的汗水。问题在于，为什么有的孩子愿意付出、乐意付出，有的孩子有强大的信念且能不断奋斗，最终成就了自己呢？这跟他的家庭，跟他父母的影响关联最大。

一个人本身自己只要努力，且当努力达到一定程度时，贵人很可能会出现，贵人会帮助那些希望得到帮助、愿意得到帮助、最终又能有所成就的人，而这一切都是家庭所铸造的。所以父母要经常思考：孩子的生活是否正常？作为父母每天是否有一个人能陪孩子吃饭？每天至少有一个人能够在孩子做作业时、在家中时陪伴着他？如果能做到这一点，也许你孩子生命中的一切就慢慢会发生改变，就像一部电影里所说的那样，生命因你而动听。你就是父母，是成全孩子成长的那两个最重要的人。

我强调管教孩子还是要从严。我是一个人文主义者，是一个温和而诚恳地传播教育思想，传播自己对教育理解的人，怎么会提出管教从严？管教从严就是对原则性问题，包括我们对孩子的教育一定要严格，不能让孩子随便逾越。管教从严是给孩子树规矩、立原则，让孩子有所敬畏。有所敬畏实际上会成为孩子一生的福分。他不会轻易去尝试不该尝试的，也不会轻易冒冒失失地招惹无法预料后果的麻烦。从根本上说，管教从严就是为孩子的一生谋幸福。但另一方面，管教从严不是要我们重蹈上一辈人简单粗糙教育孩子的方式，而是温和而又严格。温和既是态度情感，也是方式。我一成为父亲时，就决心要做不打孩子、不体罚孩子的人。有一次我到广东讲课，现场都是初中生、高中生的父母，我问在场的他们现在还有谁打孩子，没想到人还真不少。后来我到各地去讲课时，也经常问这个问题，我发现打孩子的父母还真不少。有一些孩子到了高中后，父母一动怒仍然要打巴掌甚至打耳光，这是很令人沉痛的一件事情。作为父母，你免不了生气，有时你也真的会动怒，但作为一个专业的父母，你需要克制、要忍住那口气，转换一种思维方式——"天无绝人之路"，同时也就意味着世界上没有任何方式是唯一的。对于孩子的教育，我们真的找不出哪种方法是最为有效的。英国的一个研究成果证明，孩子在16岁之前很难自我改正错误。这就需要父母有耐心，需要父母的陪伴，需要父母不断地叮咛，需要父母持续地帮助孩子。如果能做到这几点，孩子的进步就可以慢慢实现。实际上，我认为做父母的智慧，最重要的不是在知识层面上。纸上得来终觉浅，更重要的是父母意识到了问题，就要在亲子相处过程中慢慢改变它，能改变多少就改变多少。先从能够改变的地方开始，每天都有所改变。你有所改变，孩子就会有大的改变。

有一次我跟一个朋友吃饭，她絮絮叨叨地说了孩子的很多问题。我问："你孩子身上都没有优点吗？"她想了半天说好像没有。我告诉她，听了她对孩子的批评，其实我可以归纳出她孩子至少5个优点。我希望她回去好好反思一下，至少能告诉我她孩子的8个优点。结果过年时，她告诉我她至少发现了孩子5个优点，我说还不够。作为父母，教育孩子时要从发现孩子的优点开始，要从肯定孩子的长处开始，鼓励、引导孩子朝着他更具优势的领域、更擅长的方向发展，这才是父母之道。我们所说的这种思维的转换，意味着作为父母，从天性而言，一方面我们爱孩子，另一方面我们总是对孩子更为苛刻，我们总是觉得别人的孩子比自己的更好、更优秀。就像俗话说的，看别人的孩子总觉得长得快，看到自己的孩子总觉得长得慢。缺点我都给你指出上百次了，怎么还改不过来？天底下所有的孩子都是这样的。关键就在于我们一开始就要做对，然后又耐心地坚持与孩子共同努力，这样一来孩子无论是身心、学业还是各种社会能力，自然而然就得到发展了。任何孩子都很在乎父母的肯定与接纳，很多孩子在跟父母发生冲突之后，内心也非常惶恐。作为父母，我们能不能先把姿态放低一些，先接纳孩子，与孩子建立起良好的关系？有时候我们跟孩子还需要有交流意识，要有一些必要的策略。所谓策略，就是要营造氛围，寻找恰当的时机，特别是要在孩子心情放松、精神愉悦时进行教育与讨论，这样效果就会好很多。

所以，作为父母不能性急，一旦性急就会出差错；不能过于粗糙，一过于粗糙就会激起孩子反感；更不能恶语相向，因为恶语相向有可能会带来各种你意想不到的危险，这也是我反复强调的。

第四节　父母要避免犯常识性错误

　　你肯定会想：作为父母怎么可能不犯错误呢？是的，人非圣贤，孰能无过。虽然人都会犯错误，但是作为父母，我们要考虑如何避免犯大的错误，不犯那些很可怕的错误，不犯那些一旦犯上结果就无法改变的错误。所以作为父母，一方面，对待犯错还是要有一些敬畏之心，要谨慎一些。

　　另一方面，人免不了犯错误，但这不能成为我们常犯错误的理由。父母还是要自觉地考虑怎么减少犯错，怎么成为更专业的父母，怎么能够把每一件事情都做到位，做到特别有引领的价值，或者犯过一个错误以后，努力不再重蹈覆辙，这是父母责任所在。

　　父母容易犯的错误，我提到有这几个方面。其中一个容易犯的错误是：无论在什么情形下，都很容易用消极的方式对待孩子。比如孩子要进行某种尝试，你总是认为他不行，你甚至暗自等待他失败，等他失败了告诉他你早知道他不行。这样的事情只要你对孩子做过一次，你就会成为孩子最讨厌的人。以后孩子所有的尝试都会背着你，生怕你知道。因为你一知道就免不了又用这种非常令人厌恶的口吻说："看！你又不行。"父母一定要注意不要做这样的人。从根源上说，这一类的错误往往跟父母自己的经历有关。有的父母就是在这样的环境中长大的，以前他们就是被自己的父母这样对待的。但是他们没有真正地觉醒，反而成为自己原来最讨厌的那类人，对孩子也延续了这么一种糟糕的方式。所以，我反复强调父母要有改变的意识，而改变首先要从能够改变的地方开始，要从自己身上开始。

第二种错误，是当众教育。孩子犯错之后，恨不得在所有人面前惩罚孩子。很多人以为当众教育最为有效，但是他不知道，当众教育看上去孩子改正错误了，但是它对孩子心灵造成的伤害却是无法估计的。小时候我们村有一个人教育他儿子时，会把孩子拖到学校门口暴打一顿，让全校的同学知道他犯错挨打了。可想而知，后来这个孩子的成长多么可怕，他一生都难以逃脱父母的阴影。后来他对女儿的教育更为糟糕。那时他女儿身体上有些毛病，晚上经常尿炕，洗完她的衣服以后，他就在大庭广众下晒出来，让所有人都知道她的事情。这个女孩后来婚姻很不幸。我们很多的父母只想到教育的结果，没有想到教育有时候是伤害；只想到教育马上要见效，没有想到有些方法本身就是反教育的。还有一些父母，一见到老师就说自己的孩子怎么坏、怎么糟糕、怎么不努力，好像他特别愿意在别人面前诉说孩子的不足。我就遇到这种情形：我讲课的现场，有些妈妈在跟我咨询时，当着孩子的面就告诉我孩子有哪些不足，这时我都会提醒她，在孩子在场的情况下，我们一定要有种自觉——夸孩子、鼓励孩子，尤其是当众肯定与赞扬孩子。如果真要反映一些情况，最好在孩子不在场时进行。这就是现在家庭特别需要建立的一种新文化，无论做什么事情，我们都要想到后果，要考虑这种方法是否妥当。父母要有变革意识，我们的行为、观念可能有很多瑕疵。当你把这些弊端革除之后，孩子的进步就发生了，孩子的变革就已经出现了。在孩子的心目中，这样的父母更为慈祥、温和，也让孩子更有认同感。

第三种错误，不分时间教育孩子。我曾经在一个亲戚家吃午饭，妈妈还在炒菜，她让我跟孩子先吃，因为孩子下午还要上课。我发现这个孩子吃饭的速度快极了，几下就吃完了。我跟他开玩笑说，一个男孩吃饭这么快，以后跟女朋友一起吃饭人家会很难堪的。结果没想到孩子说了一句话："我吃饭一定要快一点，这样妈妈想批评我都来不及。"原来妈妈总是在吃饭时批评孩子，这让孩子特别惶恐。

　　餐桌上的时刻应该成为孩子最温馨、最美好的记忆。孩子热爱食物，热爱妈妈煮的东西的味道，热爱家庭的氛围，这会成为他一生美好的记忆。母爱是通过味道跟氛围来传递的，要是你老是在餐桌上批评孩子，这个孩子吃饭的吃相、吃饭的礼仪，包括对食物的情感都会错位。很多父母觉得在吃饭时数落孩子很方便，因为这时数落孩子，他想逃都逃不掉，其实这样孩子就会有一种比较不健康的饮食方式。此外，还有一些父母喜欢晚上睡觉时教育孩子。我认识的一位母亲就经常在孩子睡下后又叫起来，站在那里接受严肃的批评和管教，孩子一直昏昏然，最后导致精神出了问题，后来经过很长时间的心理咨询才最终得到改善，这实在太让人难过了。有时候看上去只是吃饭与睡觉问题，如果你在这个时间管教孩子，孩子精神就容易出问题。作为父母，教育孩子时，首先要讲理念，然后是方法。在方法里要细致考虑氛围、时机、方式以及交流的语气等，批评孩子时，你要先想好表扬他什么，先表扬后批评，营造出好氛围，才能真正通过批评解决孩子的麻烦。

　　教育孩子是一门艺术，你不要认为你天然就有权利、有能力，通过暴风骤雨的方式，就能解决孩子的问题。不要想当然。如果这么做，你会有大麻烦的。我做过具体的问卷调查，在孩子最讨厌父母的事情里，它位列十大罪责之首，那就是父母经常说别人家的孩子。只要你一犯错，他就说别人家的孩子，只要你考试落后，他就举别人家孩子的例子。如果你整天举别人家孩子的例子，那你的孩子最讨厌的人就是他，这种讨厌甚至会出麻烦的，不仅他们不能很好地相处，而且这个仇恨会长久，两个人的关系也很难改善。所以，举例有风险，举例要谨慎，父母最好能够针对自己孩子的问题，细致地提供帮助，不要老举别人的例子，不要用别人和孩子作对比教育，这是我们要避免犯的第四种错误。

父母应避免犯的第五种错误，我自己深有体会。童年时的我，一看到我父亲生气就要跑得很远，因为这种生气很可能会连带出对我的生气。父母经常会在气头对孩子进行教育，这个时候往往不客观，难以做到公正，难以做到就事论事，难以做到克制，难以有分寸。实际上人都是情绪的动物，所以对情绪要特别警惕，一旦情绪失控了，你就像一只咆哮的野兽一样，再加上父母自以为拥有天然的权利，可能就会对孩子严加批评，横加干涉，把你跟孩子之间亲密的亲子关系，轻而易举地毁于一旦。在教育孩子的过程中，父母一定要特别谨慎，避免上纲上线、小题大做，把小事当成一个灾难。在我做的大量咨询和问卷调查里，这类事情真是层出不穷，经常遇见。

孩子的成长，本身是一个极为漫长的过程。我认为，有时候一代人进步一点点，每代人都有所进步，都有所改善，虽然真的很难，但它也是一件美好的事情。所以我们要避免急功近利，避免对孩子的教育想当然。孩子的差异本身就具有多维性。有些孩子，比如我妹妹小时候，班主任对她的评语是她特别骄傲。到现在她还感慨不明白自己什么地方表现出了骄傲。有时候这就是一个孩子的性情，你看不惯了就觉得是骄傲。老师的批评，让她个性的发展非常压抑。她不断反省自己，最后终于变得不骄傲了，变得自卑、内向、不开朗、不活泼。还有些孩子经常被老师批评课堂上做小动作，那什么叫小动作？比如听课时一直玩笔之类的。人的思维是有差异的，其实有一些孩子需要不断做一些小动作，注意力才能特别集中，这叫动觉思维，你不让他动，他的思维就呆滞了。所以，对孩子的某些与众不同的独特之处，你需要加以更深入的了解，不能因为他跟别人不同，有点独特，你就生气，对孩子没有了客观、公正、全面的分析。

孩子思维的觉醒、能力的提升以及独特性的显现，本身就是一个时间性的问题。有的孩子特别聪明、早慧，有的孩子则看上去愚笨——所谓愚笨也可能就是还没开窍，或许哪一天开窍了他会成为一个天才，但在此之前，可能他会被父母不断批评指责，不断跟别的孩子做比较，那么他就会对自己丧失信心。

对父母而言，我们批评教育孩子要避免的第六个错误是，重提孩子以前所犯的错误，数罪并罚。有些父母真是记性太好了，孩子都十五六岁了，还记得他三四岁时犯的错误。你说这个孩子在家里怎么能够放松从容呢？第一，孩子真的免不了重复犯某个错误。第二，孩子真的会反复犯错误。第三，孩子还会不断犯新的错误。这些是人性的常态，也是孩子成长时的必经之路。孩子就是会不断地尝试，不断地犯险，不断地触犯各种规则。所以，父母的耐心就体现在日常的细致管教上。你不要以为某些道理说一次他就清楚了，或者说三次他就能改正了。随着孩子长大，父母还要有种分辨意识，当孩子长大了应该抓大放小，某些小毛病、小习惯其实很难改变，父母不要盯住不放，抓住他的大问题去引导他、帮助他、改善他。有一些能力的获得是需要有机会的，比如孩子的生活自理能力，只有让他独立生活之后，他的很多才能才能表现出来。如果没有这样的机会，孩子可能就一直长不大。所以，父母要有一个断奶意识，不要盯住孩子不放，你要让他长大，让他去尝试。当他做对了鼓励他，当他做得不对时纠正他，在他还不能理解的地方耐心地帮助他，这一切都特别重要。

父母要去解读孩子的心灵，要有保护孩子的心灵的意识，要始终把孩子的生命、尊严、独特性与发展潜力放在第一位。犯错不可怕，不犯错误的孩子可能反而更可怕。我们对孩子错误的纠正，可能会使孩子活在一个不真诚的世界里。比如，有些孩子特别害怕父母的惩罚，所以很小就特别会装，在你的面前他乖乖的，可他在你背后犯的错或许你根本想不到。成人能不能让孩子真实地生活在他的年龄、他的世界、他成长的环境中呢？能否正面鼓励他成为更好的自己呢？这太重要了。我对自己女儿的成长很骄傲，因为从来不说假话。我总是告诉她：最重要的是说真话，只要说真话，哪怕你做错了我们也不惩罚你，反而会努力帮助你一起来克服它。其实孩子只要不说假话，就不会触犯某些严重的规则。而且在生命成长过程中，孩子很从容地培植自己的能力，如判断力、敏感力等。我接送孩子是到五年级为止，到了六年级孩子是乘公交车上学的。有一天回来后她跟我说："爸爸，我觉得车上有人眼神不对。"于是我说："明天我陪你坐一下公交车，看看到底是什么人。"第二天上了公交车之后，我发现车上确实有些人眼神不对，他们是混在车上的扒手。后来我跟孩子说："如果在上车之前发现有扒手，你就不要坐这趟车；如果是上车以后发现，你就尽量远离他们。"同时我告诉她，抓扒手不是她的责任，对她来说最重要的事情不是帮谁抓扒手，而是要保护自己。孩子这种敏感能力的发展，与父母及时跟进有关。倘若你总是批评指责孩子、总是不相信孩子，孩子怎么会跟你交流呢？在遇到问题的时候，以孩子的能力是无从制胜的。孩子很多的能力不是你教的，更不是你打出来的，而是你鼓励、引导、肯定之下得来的。你会发现，被鼓励、信任的孩子越来越厉害、越来越开心、越来越活泼，他的生命处于最自然、最从容的状态之中。

父母一定要有一种非常强的意识，自觉做有能力、有专业素养、有坚定的耐心、有勇气、坚强地站在孩子生命背后的父母。无论遇到什么样的问题，无论遇到什么样的挫折与失败，孩子最后都能够凭着父母对他的爱、父母对他的鼓励，靠自身的力量逐渐走出来。

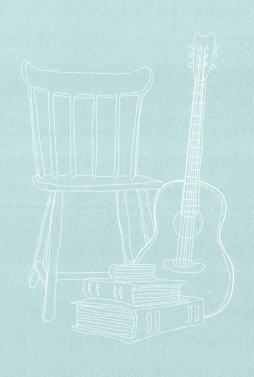

第三章

我所理解的基础教育：保卫童年

第一节　从知识的立场转到生命的立场

　　我在《保卫童年——基于生命化教育的人文对话》的后记中写道："如果没有2000年的夏天我跟黄旭先生在莆田一个宾馆的彻夜长谈，也许就不会有这本书了。"说的是当时我跟福建教育出版社的负责人黄旭先生，曾一起出差到福建省莆田市，我们在所住的宾馆里，彻夜谈的都是教育的问题。当然教育的问题最后都会聚焦在儿童成长的问题上，也就是在那个晚上，我脑袋里面冒出了"保卫童年"这样的一个命题。

　　多年来我一直在基础教育学校从事田野研究，每年都听课100节以上，和教师与孩子们更是有着广泛的接触。同时作为父亲，我每天都关注着自己孩子的成长，因此基础教育中很多严峻的话题便成为我思考的主要问题。黄旭有着非常好的提炼主题跟发现选题价值的能力。在他的启发下，我和福建师范大学的林少敏老师对教育问题这一主题从不同侧面开始了三年多的对话。后来呈现在大家面前的那本书，实际上是一本对话集。

　　这本书我更多想的是为教师而写作的，是要把童年的问题与教师职业的使命相关联。这个思考不仅跟我对学校教育、儿童成长的关注有关，尤其与我深入到学校的听课关系很大。我开始真正把目光投向基础教育尤其是小学教育，始于1996年。1996年始，在相当长的时间内，我在一所又一所学校听课。特别是在此期间我曾经在福州市的一所小学持续听了一个多月的课，我把学校从校长到每一个老师的课都听了一遍。我听课的时候最大的感触就是，那些课堂非常地沉闷：课堂上学生是沉闷的，老师是沉闷的，课堂中只有老师的提问跟学生被动的回答，缺乏生机。我跟老师们也座谈交流过，老师们谈到孩子课堂的学习状态，都有一个奇怪的看法：他们认为低年级的孩子胆小，所以在课堂上不敢举手、不敢提问；到了高年级的时候，孩子变得害羞了，也不敢提问。那什么时候孩子才能提问呢？孩子不敢提问是跟他胆小、害羞有关系吗？显然这是老师对教育的一个误读。实际上在比较传统的课堂里，有一个非常严峻的权威背景：那就是在课堂里孩子生怕出差错，在课堂里孩子是不能真实地听到自己的声音的。他会经常揣摩，老师喜欢我怎么回答，我就顺着老师怎么回答；或者学生会把自己定位为学优生，认为自己在课堂上可以举手。那如果其定位是"学困生"呢？基本上他就没有发言的空间了。

我很清楚地记得我跟一个孩子的对话，因为我听了他们班好几节课，我看他都不曾举手，有时候其实他是想举手的，但是看得出来他很怯懦。所以下课后就去问他为什么不举手，他说怕老师批评，因为他是班上学习最差的。因为学习差，怕老师批评，他就自觉地好好配合老师课堂的纪律，甚至在课堂上完全丧失了一种生命的主动性。我们在这所学校听了一个多月课，校长也着急了，因为每次听完课以后我们都跟老师有些对话，当然我们也会对课堂提出自己的建议。但对我们的这些建议，老师们比较担心我们所倡导的课堂开放、尊重学生的生命主体、激发生命的热情的方式，会不会导致学生在考试时特别被动，这才是老师最关心的。老师们心里想的是，不管怎么上课，只要能够考出好成绩，课堂就是成功的；不管课堂多么活跃，学生多么有学习激情，只要考试考差了，课堂就是失败的。这所学校的校长，是一个工作了20多年的资深校长，他也觉得这样的课堂不是他所期待的。当然，如果他没有跟我们一起去听课，他也看不到课堂会这么沉闷、呆板、单调，这种学习过程真的是一个非常痛苦的过程。所以，最后校长就亲自上课了，他说自己没办法激活老师，只有自己下课堂。我现在还记得他上的那堂课，他讲的是《曹冲称象》。在这堂课里，校长让孩子们随机提问题，有些问题当场就把校长难住了。比如就曹冲称象这个事，孩子就问为什么曹冲对大象的体重敢有这种想法？为什么别的人——那些官员，怎么都没有曹冲这样的想法？曹冲这种天才是从哪里来的？还有一个问题是，我们今天见到大象时，都不会想着要去称象，为什么当时他们会想着给大象称重呢？校长当时没办法及时回应这些问题，因为这些不在他备课的范围里面，这就说明有时候我们的教学是按老师的备课来进行的，所以学生的回答基本上要符合老师这些备课的要求，如果越过了老师会不高兴！慢慢地孩子就失去了这种提出问题、挑战已有观点的能力。

校长上完这节课以后，真的很激动，他完全没有因为学生把他难倒了而感到不舒服，反而是非常兴奋，他觉得这就是他所期待的课堂，课堂就应该是这样的。这个例子，让我产生了很深的忧虑，我觉得孩子生命的边界在不断被缩减。在学校里孩子只能做规定的事情，回答老师提出的问题，并且还要极力回答出符合老师所期待的标准答案，孩子的生命被过早地格式化，孩子的活力被过早地剥夺，同时孩子的生命热情也被扭曲了。

所以，当时听这样的课，我多少都是担心的。当然，当时还有一个很重要的因素，我自己的孩子也在读小学。每天在放学回来的路上，她总是很喜欢跟我聊天。我大体上会问她三个问题，第一个是：今天在课堂上、在学校有没有特别好玩儿的事？第二个是：你自己有什么特别独特的表现？第三个是：有什么事情需要爸爸妈妈帮助你解决的？这是我每天的三问，这三问让我跟孩子之间形成了一种非常亲密的日常交流状态，这种状态每天都在进行。有时候孩子会说一些特别有趣的话，比如有一次老师批评一些同学上课时叽叽喳喳讲话、下课吵闹，然后班主任就要求这些吵闹的同学站起来，班里大概有十几个同学站了起来，结果老师一拍桌子说，其他同学呢？这下把所有同学吓得全部站起来了。然后我问她会不会感到恐惧，她的回答让我难过——她说所有人都站起来了、所有人都挨骂，她没那么恐惧了。这个是孩子的一个真实体验，也是我们课堂中一个令人不安的景象。老师的这种权威、对学生的恐吓，构成了孩子精神生活中令人不安的生存状态。

当然，我跟孩子的交流比较好，这一类问题，我会跟孩子做分析。我不简单否定老师作为班主任对学生严格的一面，也不轻易指责老师过于简单粗暴，而是让孩子自己去思考，作为老师有他不容易的地方，也有他对班级失控所感到焦虑的地方，当然这种方法也有不妥当的地方。最后，我会帮助孩子分析，老师也是一个寻常的人，他也是会犯错误的，我们要理解他的错误，有时候也只能承受他的错误。在这种背景下，孩子一直很乐于跟我交流。有时候班上、学校里好像没什么特别的事要跟我分享，孩子也会告诉我今天好像什么事都没发生。

这是我深入学校持续听课，跟老师交流，跟孩子交流，以及去观察课堂所形成的对课堂、对学校教育和对基础教育的一些田野式的感受。另一方面，我每天都可以看着自己孩子的成长，我又从她身上的很多问题里引发出一种更深入的思考。我觉得孩子童年的边界在不断萎缩，从某种意义

上说，童年确实被异化了，这引起了我的忧虑。所以"保卫童年"这个命
题最初的出发点，是跟老师们分享的。因为我觉得跟老师们分享的意义就
在于，可以让老师们换一个生命的维度，更多地从知识的立场转到生命的
立场去看待孩子。你就会明白，对一年级的孩子来说，他要适应学校、适
应老师、适应学习，这一过程都将非常艰难。当时我有做记录，我的孩子
在上小学一年级的时候，第一周就生病了，体力上跟不上。她回来跟我们
感慨说小学太难了，后来她又跟我们说她真想回幼儿园，特别是当学习上
感到有压力的时候，她就会特别想回幼儿园。所以孩子需要适应学校、适
应学习，你看一节课长40分钟时间，还要求孩子端端正正地坐在那里，举
手也非常严格。实际上体力上的支撑就是一件很难的事。然后是学习的压
力，每天上这么多课后，回家还要做一些书写、背诵、算数等方面的作
业。孩子的压力非常大，她很难承受。再加上课堂里又是如此压抑，缺少
笑声。有时候孩子在跟我分享课堂里发生的一件很小的事时，都会笑得不
停。我问她为什么会笑不停，因为他们太压抑了，不敢笑，然后发生了
这个事以后，大家就有机会了，就可以宣泄……这个说起来都让人有点
心酸。

　　我认为作为一个老师、作为一个父母，真的是需要有一种悲悯之心。
你要知道人的成长太不容易了，尤其是在儿童时期，实在太难了，我们都
低估了成长的艰难。因为没有谁的人生可以经历后，重新再经历的，它都
是从源头开始，朝着未知走去的。在这样的一个摸索过程中，一个人免不
了犯各种的错误，免不了有时候就像老师说的不听话、不懂事、不守规
矩、不接受批评——其实这不就是人性的常态吗？一个孩子从小就什么规

矩都懂，什么话都言听计从，唯老师马首是瞻，想想那是多么可悲的一个事啊。但是我们学校的纪律、班级的纪律，包括老师自己所制定的这些纪律，很少能真正从儿童的立场上去思考，很少能考虑儿童是否适应它、儿童是否喜爱它。在这么一个成长的过程中，是否能够逐渐理解所谓约束、规矩与纪律其实也是他应具备的某种素养。我们更多的是从他律的角度，甚至强制的角度去对待儿童。对一些孩子来说，所谓厌学或者对学校的畏惧，其实在童年就产生了。

法国哲学家德里达在他的回忆录里说了一个让人印象深刻的事情。他是巴黎高师毕业的，但是在读书的过程中他极其痛苦，后来就形成了一种让他非常恐惧的心理现象，只要他去大学或中小学，他都会感到一种头痛眩晕，甚至只要经过学校附近，他都会有眩晕现象。他把它称为"晕校"，只要想到学校都会发晕、发怵、感到恐惧。晕校现象不是德里达这个哲学家独有的。我相信经受过这些教育过程中的折腾，大多数人都会有晕校现象，有时晕校现象会持续一生。我大学毕业30多年了，还会做高考数学不会做的梦。醒过来后，我跟太太说梦见考试不会做题了。我太太安慰我说："早就考过了，你再也不需要考了。"真的吗？很多人是要活到老、考到老。即使你没考，考试还是会深深刻印在你的心灵深处，这种恐惧也会影响你对世界的理解，以及你与人的交往。除了父母跟孩子的亲子关系是初始关系，在孩子跟老师的关系中，老师就是孩子生命中第一个最重要的他人，老师跟孩子的关系也是一生中最为重要的关系。我们的老师更多地会考虑孩子对知识的接受，考虑到孩子学业的成长，但是在孩子精神成长上的思考却比较少。

并不是幼小衔接做得顺利，孩子适应学校的难题就解决了。人一直都要适应某种规则、某种严格的时间要求、某种作业的习惯，并不是过了小学上中学就行，过了中学上大学就行。人的这种精神成长非常重要，好的精神成长会使人在不同的要求下都会有一个很快适应的能力。如果一个人是在一个严酷、令人恐惧不安的环境中成长，他对环境的这种恐惧感、对新奇领域的畏缩，会持续他的一生。所以，师生关系不仅是一个知识传承的关系，更核心的是一种精神互动的关系。教师的这种人文情怀，会直接影响孩子能否更健康、更开阔、更自由地成长。

很多学业本身的差异是天然存在的，是与生俱来的。学校教育要达到一个更高的目标、达到更高的成绩要求，所以它要特别强化训练，并试图通过训练的方式让所有人的成绩都能达到基本的要求。但是这样的努力，基本上会以失败而告终。这也说明，有一些孩子可能起步的时候比较艰难，因此他在学业上就有一些具体的困难。如果在宽松的环境里，你不断去鼓励他、鼓舞他、细致地帮助他，慢慢让他调整好自己的心态，并获得更强烈的学业自信，也许他的学业就能够有所提高。所以，我们更需要尊重这种差异。

加德纳提出的多元智能，我觉得是一个温暖的教育命题，因为在不同的领域，它把人的差异看得很清楚。比如，我是数学差生，可能我在语文、文学、想象力方面还是有一些天分，我不会仅仅因为数学的失败就感到整个学业都失败了，更不会因为学业的某些不足，就觉得我的人生没有希望了。这是一种对生命充满深刻理解的、人文主义心理学的见解。

人发展的速度也是有差异的，有些孩子尤其是男孩，在上小学跟女生竞争时，总是比较弱势的一方，因为他们发展速度不同。男孩女孩的发展速度不同，个体之间的速度自然也有不同。有些孩子没到一定的时间，看上去就傻乎乎、懵懵懂懂、糊里糊涂，突然有一天他就变得聪慧了。千万不要以为是你教的，其实这首先是他大脑发展的结果，他是通过不断的体验获得了领悟力。像一棵树一样，它什么时候开花，不是人工给它施肥的结果，而是生长的结果。所以我经常引用一位诗人的观点："茅塞顿开""豁然开朗"，这些词语都不是属于儿童的。人要经历很长的生长阶段以后，才会豁然开朗，才会茅塞顿开，才会有所觉悟，才会突然发现学习是怎么回事了。当然一个小学生也会跟你说他突然发现学习是怎么回事了，他只是这么说说，但事实上他还是没有发现学习是怎么回事。

所以在教育的过程里，教师要考虑如何善待儿童、理解儿童、尊重儿童、保护儿童。这就是家庭教育和学校教育一个最重要的工作，我把它称为首要原则。保卫童年，就是站在这个立场上展开一种对教育的深入讨论。当时，这些讨论也被发表在刊物上，并引起了很多老师的共鸣，但我觉得它更重要的是对儿童的关注。我所得到的启发，不是来自书本上，更多的是来自真实的课堂，特别是从孩子真实的生命成长中得到的。你一旦去观察、思考孩子成长的点点滴滴，就会从中获得某些领悟。

我认为悠悠万事，最大的一件事情就是要保卫童年、保护儿童，要用儿童的立场去思考儿童本身。这样我们的教育就能够变得更加温暖，教育才能真正促进孩子更自由、更快乐地成长。

第二节 一个讨论了20年的话题

孩子进入学校就意味着我们把生命中最珍贵、最有意义的另外一个生命交给了学校。交给学校为什么是严峻的话题呢？校园里可能发生的一切都不是我们能够言明道白的，我们不放心。这种不放心又不像别的事情，你可以随时随地去维护、看管或者调整、改变。很多家长在孩子刚刚入学的时候，一早就忧心忡忡地把孩子送到校门口，放学时又忧心忡忡地守在校门口，实际上就是关注孩子今天的生命状态怎么样，关注孩子和老师的第一次相遇意味着什么。对任何一个父母来说，这个时候内心深处荡漾着的往往都是因为对生命的珍视而引起的某种紧张感……我由衷地感受到，不是今天的孩子对不起教育，而是今天的教育对不起这些孩子！

当我们对城市的儿童教育有很多不安的时候，我们突然惊醒地意识到，乡村儿童教育存在更严峻的问题。城市里面学校的发展，儿童教育的发展，仍然可以作为乡村学校、乡村儿童教育发展的某种样板。2000年前后我们发现乡村各种基础教育的状况是令人忧虑的。今天，我们看到有些方面的确有所发展、有所变化，比如学校校舍的改进、教师的待遇方面的某些改进等。可能学校的硬件方面是容易变的，那最难变的是什么？最难变的还不是学校里的师生关系，而是当时我就非常忧心思考的乡村留守儿童的问题。

在今天乡村留守儿童的问题仍然是非常严峻的话题，一个来自西南省份的乡村老师，跟我谈了他们学校发生的一件事。大多数乡村学校都是寄宿制的，他们整个镇就这么一所学校，也是寄宿制。有一天一个十来岁的孩子突然出走了，学校老师都很紧张，赶忙给这个孩子的父亲打电话。其实这位父亲已经从外地回到了自己的家乡。他接到这个电话后，继续在田里干活，并没有去寻找孩子，他的态度很冷漠。后来全镇的干部都一起去找了，孩子终于被找到了，找到时挺危险的，因为他已经走到了一条河边。后来这位老师就欣喜地跟孩子的父亲打电话，告诉他孩子已经找到了，没想到这位父亲非常冷漠地说了一句："还找他干什么呢？让他去吧！"这个老师完全没有想到一个父亲对孩子的出走，对孩子出走后隐藏的各种危险，竟然会这么冷漠地对待。在跟我交流时，他说事情虽然过去一年多了，但是他仍然非常不解。我猜想这位30多岁的父亲可能自己就是缺少母爱父爱，缺少家庭的温暖。因此他做了父亲后，不知道父亲对于一个孩子成长的意义，甚至他也很少能够真切地给予一种生命的关怀。这种留守儿童的问题是一个非常严峻的话题，其实有很多人把它简单归结为经济问题，或是社会变迁所带来的问题。在我看来，可能问题还要严峻得多，在这么一个和平时期，还是整个社会经济发展状况比较良好的情形下，仍有大量留守儿童存在，这是人类史上非常罕见的一个事例，所以它一定有更复杂的原因。

今天我们要想使孩子的童年能够真正得到保护，不仅需要学校负起责任，还需要有很多家庭的参与。对一个家庭而言，一家人生活在一起、父母陪伴孩子成长、父母关注孩子成长、父母把孩子的成长作为自己的第一责任、父母主动跟学校合作等，这些就是重建家庭伦理最核心的一部分。我从城市视角还提出了"下班的路是回家的路""夜晚的时间是家庭的时间"，但是对乡村教育而言，同样也需要有这样一种生命的自觉。所以如果没有这样生命的自觉，即使他做了父母，对孩子而言也将面临危机。可能我们会把它看成是社会的问题，但是除了社会问题之外，也有家庭的问题。如果家庭不能承担对孩子的责任，不能对孩子的成长起着主导性的影响，那么在乡村学校有各种不足、各种难题的情形下，孩子在乡村学校的精神的成长、学业的成长包括品性的成长，都会面临巨大的危机。

第三节　教育的10个关键词

我特别强调从人文关怀的视角去思考教育问题、思考一个孩子成长的问题。我还不断阐述的是：在一个孩子生命成长的早期，第一影响力来自父母。父母的影响主要是通过日常生活中对孩子的耐心陪伴、具体指导实现的。通过父母实现的那些最重要的东西与父母所受的教育、从事的职业，关系并不太大。父母是通过爱与温暖的方式，带给孩子一种生命成长的支持；而老师与学校的教育，是通过知识的传承、价值的引领、学校的学习生活、师生交往的这种精神生活以及同学之间相互影响的团队生活，去促进一个孩子更全面的发展的。所以，我特别提出了人文关怀或人文教育的10个关键词。

这10个关键词里的第一个就是"自主"。自主实际上是一种精神状态，而不是简单地指一种日常的能力，即所有的教育就是推动一个人有更多的自我决断、自我甄别、自我承担生命的能力。一个人最终的发展都是自我的发展，是其内在能力的一种发展。但是一个人能够实现这种自主能力，一方面是要有一种精神性的自觉；另一方面学校的教育要为他实现这种自主能力的发展做一种重要的推动。要让我们的孩子在课堂上身心自如，能够自由思考，能够有更多的表达与表现自我的空间，这是指在课堂中、学校中孩子过的应该是儿童的生活。当然本质上儿童的生活就是人的生活，能够尽量少一些规训，能够避免或者杜绝体罚，要绝对反对羞辱与蔑视孩子的生命。无论孩子学业成绩怎样，我们都不能因为其学业成绩或品行方面的某一些缺点，羞辱、蔑视其生命的价值。这样才能使一个人更健康、自然、从容地面对自己发展或者成长的真实状况，这是第一个关键词。

第二个词就是"互动"。我特别强调，学习本身就是一个互动的过程。我的老师黄克剑先生在1993年的时候就提出：知识的教学就是授受知识，一方面是传授，另一方面是接受。他强调了知识的学习过程也是一种互动的过程。作为一个先觉者，老师要去启发后觉者；而后觉者的思维、表达与表现也能启迪先觉者。这一过程中既有前喻文化，又有后喻文化。前喻文化是前辈、长者、师长对晚辈、后学者的影响、启迪与教育；后喻文化强调的是后学者、后发者、后思考者，实际上他们也有很多领先的能力、独特的思维以及你意想不到的各种表现，他们同样能够推动、引发长者、前辈、父母、老师等人的新的思考。我强调互动，因为它既是一种课堂、校园、生活、活动的方式，又能使校园跟课堂恢复一种更自然的、更活泼的生命形态。同时我把这种互动看成是一种文化：你可以真切地感受到各种生命的对话，生命相互的影响、相互的润泽，它们是相互推动的。

第三个词就是"开放"，它强调的是在知识、在知识的文本方面、在问题的答案等方面要有更多的开放。我们的课堂学习方式应该更活泼、更开放，教师的心态与思维应该更开放，学校所传承的学校文化本身要开放。也就是我们要为未来世界培养更有活力、视野更开阔的新一代。教育是具有未来性的，我们的目光要放得更为长远一些。在有限的资源之中，我们要善于运用各种已有的资源，有所突破、有所成就。

第四个词是"质疑"。创新一定是要源于勇于质疑、勇于自由地想象才可能实现的。学校教育要允许学生有质疑精神，家庭生活要允许孩子能够自由发问，能够与父母形成一种开放的对话，这样就会形成一个人的品质。我们不要因为孩子的观点很偏激，就担心他以后生活有麻烦。实际上孩子的更大麻烦在于只会顺从、只会接受、只会完全听从现成的或者别人给他的一些答案。这样的孩子怎么能有活力呢？这样的孩子怎么能有不断自我变革的能力呢？我们说教育是为未来培养人，其中就包含培养其更强的生存能力，更强的在更复杂的环境中成长的能力。今天，我们所有的人、所有的孩子，都有可能跟世界各地的人合作、竞争。那你该怎么与人相处呢？你靠什么去竞争呢？你如何才能有更强的生存能力呢？这不仅是学校教育要思考的，也是家庭教育要不断思考的。你想培养什么样的人，当然很重要的是你给他什么工具，而思维工具里面，这种思考力是最重要的。思考力的核心就是质疑，这是第四个词。

第五个词就是"活力"。一个人充满了生命的热情，一个健康的身体加上一个活泼的灵魂，这就是对人最好的一种赞美。有时候，我们的学校教育对活力是有担心的。比如那些过于活泼的孩子，就经常会成为课堂的捣乱者，成为老师眼中的"坏"孩子。有很多学校在不断压缩孩子活动的空间，缩减体育课，缩减教室外的各种游戏，这非常麻烦。如今我们越来越明白体育运动对一个人身体能力的促进有多么重要，一个人越是有活力，同时也就意味着他的思维能力越快捷与独特。有时候，你说一个人呆板，或说一个人缺乏一种思考分辨能力，这都跟其身体状况有关。一方面，这种身体的活力会在童年达到最高级，如果在童年的时候你就约束、压抑甚至剥夺它，这个孩子本身就会显现出一种病态来。当然从一个生命来说，今天我们还要考虑男孩跟女孩会有的一些微妙的区别。男孩的本性使他们就需要通过大量的身体的运动，才能获得身体的愉悦跟平衡。如果一个孩子不断被压抑、不断被约束，那他对环境、对陌生的生活、对流汗等这些行为将会完全丧失热情，这本身也是极为可悲的，而且它对孩子学业的影响也是非常巨大的。我心目中好孩子的形象应该是这样的：皮肤黝黑、牙齿洁白、眼睛明亮、充满活力（就是浑身有劲）。这是我经过长期对学校观察，对孩子成长命题思考后得出的结论。在我看来，活力极为重要。

第六个词就是"宽容"。实际上，宽容首先是一种文化，在学校教育方面，比如尼尔的夏山学校闻名于世，所以研究教育的人都关注过夏山学校。夏山学校有一些很奇怪的文化，例如说在校园里允许孩子偶尔说难听的话，但是出了校园就不能骂人。因为尼尔的思考是带有实验性的，他认为学校是允许犯错误的地方，要给孩子试错的权利。想一想，其实有时候说脏话也是人的本性的一部分。你要理解或者改变他不能靠约束，而是要让他有宣泄，宣泄之后有反思，反思之后他就能有所调整与改善。文化有时代性、情境性，对孩子成长而言，你就更需要从小就给他的生活创造一种宽松、平和、能够刺激他自由想象和自由表现的环境。这样他在面对不一样的东西时，他自然就会有一种包容的精神去接纳、理解甚至去喜爱它。这种文化就会成为一种他生命自由成长的非常丰富的资源，学校里的宽容首先应该建立在对孩子成长特性的支持与保护上，不要轻易去否定。

我们中国人有一句话叫"三岁看大，七岁看老"，你不能过于刻板地去理解一个人，并认为他现在表现不好，以后表现肯定不好；现在有问题，以后就有问题。实际上"三岁看大，七岁看老"，我更愿意理解成，如果三岁在一个压抑的环境里，七岁在一个不包容的环境里，对一个人的一生很可能会有一种非常大的负面影响。至于孩子出一些差错，孩子理解方面有偏差，孩子行为方面有些你难以接受，你就需要用更包容的眼光去看待他，理解是生命成长必由之路。宽容会造就文化的繁荣，促进一个民族的活力与创新能力的发展。

第七个词就是"同情"。这个关键词很有意思，据说英国有一所被人称为"同情学校"的学校，它是由毕姆小姐创办的。之所以这么称呼它，是因为人们发现这个学校的学生特别奇怪，比如有的学生好像眼睛看不到，有的学生好像行动有障碍，那里有各种各样仿佛身体有缺陷的学生，这让参观者很惊奇。后来毕姆小姐告诉他，这些学生并不是真正的眼睛看不见或者腿瘸了，这是学校定期给孩子举行的一项活动，在这一天时间里，扮演盲人的人，要把眼睛绑起来；扮演腿残疾的人，要架着拐杖走。

她这样做的目的实际上就是让学生学会同情他人、理解他人，其实是一件很困难的事，假如你没有经历过又怎么知道呢？如果你曾用绷带绑着手做过一天受伤的人，你就会体会到受伤之后的种种不便；如果你装成一个语言障碍人士，一整天都不能说话，你就会体会到不能说话的人很多的痛苦。毕姆小姐认为，世界上最麻烦的事情就是：有时候聪明的人理解不了愚笨人的痛苦；力气大的人理解不了没有力气的人的难受。同样，一个健康的人也理解不了一个生病的人整个身心所遭受的痛苦。所以，同情学校是让孩子去学会同情，而学会同情是在情境中、在体验中进行的。有了这种生命的经验之后，这个人的理解力就会发生很大的变化。狄更斯从小的生活就极其贫寒与痛苦，他后来的写作所描述的人间疾苦很令人感动，并且对英国社会的变革也产生了一种很大的影响。同情是一种发自内心的对世界的深刻感受力，我们中国人形容它为"恻隐之心，人皆有之"，这是人天性的一部分。但是这个天性又需要通过体验、通过实践、通过一种更丰富的启迪，才能得以保持和发扬光大，并最终成为一种美德、成为一种文化，甚至成为一种建构新的社会制度的基石。

学校作为一个由众多人组成的团体，就可以很切实地看到学生之间有很多的不一样。有的学生聪明，有的学生愚笨；有的学生特别强壮，有的学生特别瘦弱；还有一些学生思维敏捷，另一些学生思维总是很缓慢。所以，聪明的人对愚笨的人真的能做到由衷地同情、接纳，并理解他的痛苦吗？真的能由衷地愿意帮助那些不如你的人，让他跟你一样地快乐吗？有时候教育不是都靠讲道理，而是要靠具体的实践，在实践的过程中获得体验之后，人的感受可能就有很大不同了。我喜欢"世界上最麻烦的事情就是聪明的人经常理解不了愚笨的人的痛苦，强健的人理解不了多病的人的难堪"。据说有一所学校在我去讲课之后，把这句话当成了这所学校的校训。

在遇到麻烦的时候，大家经常会自嘲几句，聪明的人理解不了愚笨的人的痛苦。但自我观照后，你就会发现，世界上所有人都有自己的短板，有自己感到特别困苦的地方，都需要他人的同情。我们一方面期待他人能理解你、接纳你，甚至有时能与你有一种共情力，但反过来，我们是不是也能如此地去善待别人、友待别人呢？这就是教育要做的事情。教育就是要把很多的美德变成一种生活、变成一种习俗，并慢慢去推动社会文化的进步，而推动社会文化的进步，就是建构更美好的社会很重要的一个方式。所以在学校中变革、在家庭中变革可能是最容易的，当你觉悟到这一点时，不要过多地想社会为我做了什么，而同时要思考我能为社会做什么，这也可以成为老师与父母教育孩子的思考的起点。每天都想一想，你为他人做了什么或者他人今天为你做了什么，慢慢你就能够多一点感恩、多一点担当，实际上这会让你整个心脏与生命感受力有很大的不同。

第八个词是"爱"。在所有的人文关键词里面，爱是一个核心，怎么描述它都不为过，怎么描述都难以说尽。"爱恒久忍耐，又有恩慈，爱不嫉妒，爱不自夸张狂，爱不做羞耻之事，不求私利，不轻易发怒，不计别人的恶，爱喜欢正义与真理，爱凡事包容，凡事相信，凡事希望，凡事忍耐。"这是爱的颂歌、爱的经典。实际上，没有爱就没有教育。教育最核心的内涵就体现在爱里面，爱是让人变得更好的一种动力，一种滋养。一个人如果没有得到爱，他就没办法活得像一个真正的人。一个孩子一生下来，母亲就全身心地去接纳他，一个月之后，这个孩子就知道世界上有一个人跟他是最亲近的，他就会信赖这个人、终身依恋这个人、终生难以忘怀这个人。这个伟大的人，就是他的母亲。如果一个孩子没有得到母爱，他内心就会形成一个巨大的空洞。他后来所有的成功、财富、地位都难以弥补，后来所有的药物、所有的帮助和劝导也都难以将其彻底地改善，这是人的本性。既然是本性，你就得去顺从它。这种顺从就表现为：母亲对孩子的爱是无条件的，也可以叫作无待的爱。无待是指不追求回报，这就是天性，甚至可以称为人类的宿命。人类不能缺少这样一种爱。而爱的本质呢？它是平等、充分地满足所有人对这种情感的强烈需求。所以爱会使教育变成一种真正的乌托邦，爱会使学校变成一种真正的人的学校。

有些学校，对学生百般苛求，用各种所谓为了学生好等冠冕堂皇或者世俗的名义，扭曲了学校、扭曲了学校中的人的关系。所以，教育要恢复那种对人类无限的信赖是一件很困难的事情。恰恰因为困难，所以爱是需要不断温习、不断提醒的，更是需要不断提升的。在一个孩子成长的生命早期，来自父母的呵护和老师的积极支持，会使孩子在原初的对世界的理解里就有安全感，他内心会充满了温暖，充满了一种对世界的善良的理解力，他的心性就不会被轻易扭曲或者变得恶毒。这个工作如果老师、父母不去做，而是等别人再来做，那就太迟了，效果也就要差很多。也就是说，在生命的原初，你所做的事情就是为一个生命一生所做的。这方面做对了，孩子成长的麻烦就少了。

第九个词就是"觉悟"。这个关键词我是按照黄克剑先生所开启的一种精神视域来探讨的。这里涉及三个方面的觉悟：第一个就是人文本体之觉，也就是人生意义的觉悟，每个人各不相同，因此我们可以认定，每一个人各自都担负着自己的秘密使命。教育就是要不断地引导人探寻活着的意义，每一个人人生意义的觉悟，其实最核心的东西就是要去探寻人为什么活着。人是作为生命价值的追求者存在的，人是作为自己把握生命方向的自我实现者而存在的，人时时都在分辨善恶，都在自己选择自我价值，因而自己对自己负责，自己是自己的理由。人生的意义首先就会引出一种对自己生命的责任，自我责任，你要去实现你的人生价值，最重要的是这是你的责任，是社会会成全你，也可能会扭曲你的，但是其中最核心的东西是你对自己生命的责任，你要努力克服所有困难去实现它，这是人文本体之觉。

第二个觉悟是生命个性之觉，也就是由于天赋、气质、秉性、趣味不同，每个人所有的经历各不相同，最终从每一个生命的意义上，有了生命个性的觉悟之后，你就会努力渴望自己成为一个独特的生命个体，成为动人的一格。这是属于你的，也是你根据你的生命的禀赋，努力去自我创造的一种结晶。在教育里面我们为什么要强调个性？其目的就是要成全各不相同的人，因其各不相同，才能成全一个更为丰富、更为多样、更有创造力、更为幸福的大同世界。所谓美美与共，其前提是要各美其美，也就是能够承认每一个人的独立价值，承认每一个人都应该成为他自己，不盲从、不人云亦云，可以活出自己的样子来。在今天，我们所面对的家庭教育跟学校教育的难题，就在于要使你趋同，要使你成为这个教育竞技场里的胜出者。在这种不断规训的过程中，人的个性也越来越被格式化了、被磨灭了。我记得有一个著名的教授曾经跟我说，不要担心现在孩子露出那种自信、得意扬扬、骄傲自满的样子，实际上现在的生活中几乎都看不到这样的孩子了。他在北京某所大学做了多年的教授，他说在北京有些大学都看不到骄傲自满的孩子了。因为应试教育就是残酷的绞肉机，实际上你的胜处也很难让你建立起真正的自我信念。而且这里面还有另外一种心理，可以称其为胜出者综合征，你总是会觉得自己所谓胜利是出于偶然的因素，总是担心自己有各种各样的不足，担心这种胜利者的幸运一不小心就溜掉了，所以你就会百般自我折磨、自我折腾。这就使一个人很难有从容的心态，很难有一种骄傲与自得，特别是在青年时代能够意气风发、指点江山、激扬文字，觉得能够以天下为己任那种气势。我们今天的困扰就在于，如何使孩子这种心性、这种对自我坚定的信任能力，不被抹杀或者减损。在教育里面这种遵从或者是鼓舞一个人成为自己，就是今天我们重新要泛起一种人文关怀的极为重要的一方面。

第三个觉悟是灵思创发之觉。这是指人的灵感、人的灵动和思维的独特性，或者创造力的某种独特性。个性之觉强调的是一种生命气象，这种灵思灵动之觉强调了个人的一种独特创造与表现的方式。可能我们今天的教育，最擅长的是培养优秀考生，却不善于或者说没有坚定的信念要培养出一流的人才，所以一流的考生也不一定成为一流的人才。我们也擅长于培养模仿性能力，却缺乏培养一种原创力，缺乏一些奇思异想的能力，这些都跟我们思维受到巨大的限制有关。我们不太相信自己的大脑，因为属于我们的灵动的东西在不断被各种制度与规则约束着，就像脑袋里面冒出来的那些天线一样，总是会被人剪断或者压回去，又或者是被领走了。实际上，创造力是现今最为稀缺的一种产品。

10个人文关键词中，我放在最后的也是最为根本的词就是"生命"。我这么多年来一直在谈论教育，出版了二三十部的作品，如果要用一个词归纳它们的主题，那就是生命。在我整个写作的词典里面，生命是其中最为重要的一个词。我是这样描述生命的：生命比任何知识、规则、纪律甚至荣誉，被许诺的未来的发展与幸福的可能性，所有的一切都更神圣，所有的生命都无法被另外的生命所代替。生命具有唯一性，所有的生命都有自己独特的密码，都令人肃然起敬，都值得敬畏。敬畏生命是教育的伦理起点，所有的生命的行为都无法重复、无法再现、无法替代。所有的生命都具有过程性、丰富性、多样性和不可知性，同时还具有神秘性和不可言说性。从生命里，我们要研究生命与权力、生命与自由、生命与个性、生命与发展、生命与归宿。在这里我对生命化教育的内涵做了这么一种概括："教育是自主的、互动的、开放的，是需要不断质疑的，充满活力、良知、爱心、同情之心，尊重人，对人有无限宽容之心，不断促进人的觉悟、境界与生命质量的提升，是不断使人赢得解放的教育。生命化教育的意义在于它是关注所有人的，关注差异、关注独特性，从而促进所有人发展的教育。生命化教育还意味着是关注每一个人当下的体验，关注具体的各不相同的生活的教育，教育即生活，教育和生命融为一体，教育是人一生最好的享受。生命化教育强调教育的独立价值、独特品格，强调教育要有终极关怀，要把对人的灵魂的眷注、呵护、成全，作为最根本的、最为永恒的使命。"

一个人最初思考的命题往往会成为他持续写作的核心母题。教育的10个关键词即10个人文关键词，它最早写于1999年，到2024年已经25年了。这25年来，我一直在持续说着这些话，只是内容越说越深入、越说越丰富、越说越系统，但是这个主题始终没变。这些主题我还在继续去讨论，继续去挖掘其更丰富的内涵。特别是这些年借助于心理学的新发现，借助于生命科学的一些新的研究成果，我关于童年本身的理解与思考变得更细致、更具体，也更望能对家庭教育或学校教育有一些指导价值。

童年我已经讲了25年了，我还会继续讲下去。

 第四节　从能够改变的地方开始

　　什么是生命化教育呢？如果要从源头说起，就一定要从我的老师黄克剑先生这里说起。20世纪90年代初，我开始跟着黄克剑老师学习哲学。这是一个机缘巧合，在80年代末我第一次见到黄克剑老师时，他已经在福建工作很长时间了，但是我一直不知道他就跟我在同一个城市生活着。

　　我在一个朋友家里第一次见到黄老师的时候，非常惊讶。因为在这之前，我就在杂志以及一些论文集里读过黄老师当时比较激烈地批判传统文化的文章，它们特别契合那时我对某些思想资源的需求，因此给我留下了一种很深的印象。所以，在朋友家里见到黄老师的时候，我真的有一种非常欣喜的感觉。黄老师那天的穿着我都还记得，他穿着西装，相貌堂堂，特别符合那个时候我对所谓精英形象的理解。我们要正面理解精英，那就是仪表堂堂，思想非常锐利、独特、有冲击力。这次见面之后，虽然我跟黄老师认识了，但并没有过多交往。一次很偶然的机会，我去福建师范大学的时候，朋友跟我说，你晚上就留下吧，黄老师也会来。因为当时有几个朋友在跟着黄老师学哲学，黄老师每两周跟他们会有一次哲学的聚会。我突然明白了，因为在这之前，我就听另外一位朋友说，他在福州参加一个哲学教授的哲学聚会，没想到就是由黄老师组织的。

　　那天黄克剑老师见到我也特别高兴，说我们的哲学聚会又多了一个诗人，这下这个成员更多样了。其实，我只是偶然留了下来，这种偶然里面就包含了某种命运。相信命运的人，命运领着你走；不相信命运的人，命

运推着你走。那天的聚会对我后来人生的发展极为重要。很遗憾，那一天的具体日期我已经记不确切了。但是我记住了当时聚会的一些情景和后来聚会时不断重复的那些情景。

那个时候，我们要找一个聚会的场所很困难，我们更多的是在福建师范大学附近聚会，因为有两位参加聚会的朋友是福建师范大学外语系的在读研究生，他们租借的是附近村民自己搭盖的房子，所以我们就经常到他们的宿舍去聚会。宿舍里连一张像样的桌子都没有，椅子也是破破烂烂的，很多农村当时都是这个样子的。我们聚会的一群人坐在那里，也不像今天福州人那样，在喝茶方面那样讲究、精致，因为那个时候没有条件让你讲究。我们就一人泡一杯茶，就那么一大杯，一个晚上不断地续水。有时候杯子不够，还是好几个人喝这一杯茶。我们聚会的时间非常长，有时候从晚上八点开始，会持续到次日凌晨四点多。我们所有人，包括黄老师也是骑着自行车去的，到了凌晨四五点回来的时候，我们又会骑行一小时左右，精疲力竭地穿过城市。那时早上扫垃圾的工人已经上班了，送菜的菜农也已经拖着菜穿过城市了。我们每两周就有一次这样的经历，持续若干年。当时我一直很想打退堂鼓，我是很偶然加入的，退出来不很自然吗？如果没有人通知我聚会的话，可能我就有一个借口，没有人叫我我就不去了嘛。但是我们的伙伴们每次都会通知下周在哪里聚会，而且克剑老师说了你得去。于是我是从偶然地加入、被动地坚持，到慢慢变成我主动地参与。随着时间的推移，你会逐渐体会到这种思想的美妙，更重要的是从克剑老师的这种非常丰富、睿智、深入的讲解跟阐释中，你能获得一种前所未有的思想的滋养。所以，我会不断地回忆那些岁月，以及跟克剑老师相处的学术聚会的美好时光。

到了1993年的时候，我就有一些想法。在我上班的那一座楼里，正好就有一个叫《教育评论》的教育杂志，《教育评论》的主编是我的校友。有一天我就跟他提议，能否帮他做一些访谈，对当下一些重要的教育话题，我请人来做一些访谈。经过几次讨论以后，我们确定了几个访谈的题目与方向，然后访谈的主题跟访谈者也确定了下来。第一个参与访谈的就是黄克剑老师，我们做了访谈录音，录音整理好后黄克剑老师又做了些更细致、更深入的调整，其实可以说是重写了。

那次访谈的题目就叫《教育的价值向度与终极使命》，文章刊登在《教育评论》1993年第4期，我今天仍然记忆犹新。在访谈中，黄克剑老师对教育做了一种非常重要的阐述，即教育的价值可以放在三个维度上进行阐释。第一个阐述，就是授受知识。授受知识既是一种老师对学生的传授，同时老师从学生那里也能获得一些领悟与刺激。授受知识，强调的是师生之间的一种知识与生命的互动。第二个阐述，是开启智慧。克剑老师特别强调，智慧并不是一门学问，你并不能从一本书中、从阅读中获得智慧，你只能从有智慧的人那里去领悟智慧，或者是从自己的生命实践里面去获知智慧。也就是说，智慧是生命性的，也是实践性的，而不仅仅是知识性的。当然，更为重要的是第三个阐述，他提出教育的终极价值在于开启或润泽生命，即润泽与点化生命是教育最核心的命意所在。教育最核心的目标就是成全人。怎么成全人？一方面要随顺人的天性，成全的本意就在于，你要通过最合适的方式，帮助人实现其生命里的某些东西，这就叫成全。教育要随顺人，要尊重人，要费尽心思、用各种方法去激发人，这也许是中国教育里对生命最为重要的一种阐释。

当然，这样的声音在当时那个时代呼应者甚少，甚至这个刊物的主编也很难充分地理解这篇文章的意义到底在哪里。但这篇文章的意义并不在像完成论文写作后，在刊物刊登出来。对我而言，这篇文章有着极为重要的意义。因为此前，我已经参加了黄老师的哲学聚会，他经常跟我说，教育其实是一件非常重要的事情。虽然我写诗，但有空的时候应该花更多的时间来研究教育；后来看到我对教育的关注在不断深入，他就建议我应该用一半的时间来研究教育；后来又建议我应该把主要的心思花在教育上，有空的时候再写诗；最后他又跟我说，哪怕是花一生的心血，你都很难把教育做得更好，因为教育就是人类最重要的事业。他总是不断诱导我、不断鼓励我，然后不断用一种老师的耳提面命的方式，把我推到了一个教育担当者角色上来。

我的大学同学谈了一个观点，让我特别有感触。他说我们原来谈教育会有两个维度来谈，一个维度就是教育是一种职业。教育可以谋生，教育可以让你找到这种工作的快乐，教育可以让你有依靠感，这就是一种职业。当然，你要遵循这种职业的规则，实际上对职业而言，其要求也是很严格的，不是说我们把它理解成职业时，教育就变得低下了，而是教育跟其他的职业一样，都有职业的尊严、有职业的规则、有职业的严格要求，即要有一种最基本的从业的标准与本分。第二个就是所谓事业。事业会使你有一种更强的归宿感，事业会引领你获得尊严、获得荣誉、获得一种更为崇高的快乐。也可能你天天都会去思考你所从事的这个工作，以及那些需要你去解决的难题，需要你去面对的各种复杂的局面等。但是，对一些人而言还不止如此，实际上在事业之上还有一个更高的命题，它可以被称为命业。所谓命业就是你生命本身，你生命中最重要的一份工作，方可称为命业，可以说它上升为一种信仰的层次了。克剑老师对我的引领，是不断地鼓励我，教育真的成了我的命业了，但还是要由我自身去确立。毫不夸张地说，我每天早上最开始想的事情往往是教育，而每天晚上最后想的事情也会是教育，教育贯穿我生活的始终，成为我谈论话题的最核心内容，成为我阅读与写作中最重要的一部分。

到了2002年，我正式在学校开始了以生命化教育命名的教育的实践。之前我在很多学校听过课，也在讲座中跟老师互动，那个时候我通常会以教育中的人文精神为主要命题，它和我的"指导自主学习"这一课题一起被作为我讲课的两个核心内容。到了2002年时，我跟黄克剑老师说，我很想以生命化教育为命题，在学校里面开展研究活动。黄老师同样也觉得当时时机已经成熟了。生命化教育最开始时是在厦门、泉州、福州的乡村学校开展的。课题研究本身最核心的目的不是为了证明命题的价值，而是要通过生命化教育的方式去推动学校的变革，推动教师对自身教育价值的肯定。

实际上，我们所有工作的开展真的是很艰难的，没有行政的资源，没有任何官方的色彩，几乎完全没有资金方面的支持。刚开始的时候，我们真的像在以苦行僧似的方式进行研究。记得去晋江的一所乡村小学时，我每次都会迷路，到了泉州要坐车到晋江再坐摩托车进村，所以我印象很深。那么生命化教育到底怎么做呢？它是一种什么形态的课堂、是一种什么样的学校变革呢？具体操作起来真的很难。我记得我第一次在这所乡村学校里讲课时，学校里连一个话筒都没有，也没有会议室，我就在一间很简陋的非教师用的小办公室里面讲的课，大家围在桌子边，没有日光灯，只垂着一盏很昏暗的灯。因为没有话筒，我跟大家讲了一天生命化教育后，真的是口干舌燥，两眼昏花。跟我一起来讲课的一个厦门的校长说，他就觉得好像时光倒流，又回到了过去的旧时代。主要是因为这所学校的校舍太简陋了，我们就是在这样一个学校里开始了生命化教育的历程。这所学校的一位老师的教学，给我留下了非常深的印象，他希望课堂能够被激活起来，这是一位年轻的教师。那次我去听课的时候，他就设计了这样一个教学环节：他告诉孩子们，他很快就要离开大家调到别的学校去了，然后就问孩子们有什么话要跟他说。这种方式最能激发孩子的情绪，但是让他没有想到的是，听到这个消息以后，全班孩子哭成一团，甚至连课都没办法上了，最后这位老师先是有点尴尬和被动，接着也跟孩子们哭到一起去了，然后他跟孩子们说他没有要走，只是假设他走了，大家想跟他说些什么。

当时看了这个课堂，我一方面为孩子无比纯洁善良的心所打动，当然也为老师感到欣喜，虽然刚教了孩子一个多月，但孩子对他就有了这么深厚细致的感情；另一方面我也觉得教师是很自我的，他对课堂的理解，其实更多的是用一种情感的方式，而不是用一种教育的智慧。两年之后，这所学校曾经开了一个研讨会，当时有很多教研员来听课，他们对这位老师的课有很多不满意的地方。我之前听了他的两次课，这次是第三次听，他所产生的变化其实就是一种真实的生命成长，这种成长是建立在真正尊重儿童的基础上，不拔高、不作假，也不装腔作势。从这种生命的过程里面，我们可以看到老师是在成长的，虽然这个成长可能有点缓慢。而且，老师的心意是非常美好的——具体体现在他能够善待儿童，能够用自己最真挚的心去对待班上的这些学生。

我们在厦门同安的一所乡村学校第一次听课时，我的感触也是非常深的。那时这所学校的校舍还是民国时期的旧校舍，大热天在这种旧校舍里面听课，十分钟浑身就湿透了，老师更是大汗淋漓。教室不仅一个风扇没有，而且也不太通风，学校的厕所更是让人感到恐慌。我进去后就退了出来，说实在的，那真是一个非常难忘的经历。后来我跟校长说，只要有钱，你们最需要改善的地方就是厕所。我记得在2006年，我们在这所学校开了一个研讨会，钱理群、孙绍振、窦桂梅等很多老师都来了，我就讲起了这个乡村学校厕所的故事。后来，《厦门晚报》的记者写了一篇文章叫《生命化教育从改造乡村学校的厕所开始》，说的就是这所乡村学校的一种变革。我们的生命化教育从一开始所秉持的就是这样一种立场——我把它描述为民间立场、草根情怀、田野作业。要真正回到生命的现场，去尊重人、去想方设法地帮助人，即要以成全人为最核心的目标。这样的一种教育，也可以用黄克剑老师的一种很重要的思想概括，那就是教育者需要有生命在场。只有他真正在场，他眼中才有具体的学生，眼中才有一个又一个的学生，心中才有更强大的教育的信念。这个教育的信念，后来我把它归纳为"从能够改变的地方开始"。可能教育要面对的难题很多，那次我们去了另外一所乡村学校中心校听课，那天中心校下面的一位校长也来听课，他跟中心校的校长说，今天中午差一点就出事了，一个小学生不小心掉到了厕所里，还好一个收破烂的人从那里经过，在孩子掉下去那一瞬间，他看到了白花花的衣服，还以为一只鸡掉进去了，他赶快跑过来，一看是一个孩子掉下去了，于是马上把孩子救上来。当时中心校的校长就问这个村小的校长："你有没有钱，先把厕所改造一下？"那个校长说："我现在真的没有钱，连这一点钱都没有。"这是当时乡村学校的某种窘境。所以，我们面对的很多困难，有些是经济的，有些是文化的，有些是在乡村人们对教育的某种最基本的态度等方面的，总之各种各样的问题层出不穷，该怎么办呢？在生命化教育里面我们就提炼出一种立场、一种表达，其实也是一种行动方式：那就是从能够改变的地方开始。

从能够改变的地方开始，在家庭里面从能够改变的地方开始。比如，建设自己就是建设未来，改善自己的生活境况就能提升自己的生命自觉。一个人如果能够珍爱自己的日常生活，他对未来一定会抱着一个更大的梦想。从学校到家庭、从老师到学生到父母到社会各界，我都提出了"从能够改变的地方开始"这一理念，其实这就把变革的中心转移到了每一个人身上，转移到了具体的生活之中。第二句话来自钱理群老师，它就是"想大问题，做小事情"，既要胸怀世界，仰望星空，但更需要从具体的、可以改变的小事情开始。第三句话我最早提出于2002年，叫"教育是慢的艺术"，变革是非常困难的，变革需要耐心，变革需要坚持。对学校如此，对家庭也是如此。

第四章

做给生命赋能的父母

第一节　父母之道：向孩子学习

《孩子是父母最大的事业》这个题目，可能带给很多人深刻的印象。当然，这一题目也存在争议，有的人认为父母有父母的事业，父母有自己关注的核心，为什么要把孩子作为父母最大的事业呢？其实在这里我要特别强调的是父母的责任，与你别的事业不冲突，比如你是一个公司老总，把整个公司管理好就是你的责任，但是作为父母，把自己的孩子培养好，一定是你最大的责任。

我说过这么三段话：第一，"即使你对孩子付出了很多，但如果教育中有一点小小的失误，就可能给孩子的一生带来难以想象的困境。做别的事情，你可以急功近利，但唯独在教育孩子这一点上你千万不能急功近利，否则就会后患无穷"。第二，"请记住，在应试教育的夹缝中，我们不要再逼迫孩子"。第三，"应该教给孩子低头奋斗的智慧，抬头看天的情怀，和孩子肩并肩，手挽手地向前"。禁止学习第一。这本书可以被称为"理念之书"，作为作者，我还想跟大家说一下它的出版由来。

我曾经跟另外一位学者在某个电视台做了16期的新父母课程的节目。后来以我在这个课程中阐述教育的部分为基础，整理成了这本书。从理念的方面来说，这本书里面提出了很多新的思考，就像这个标题所解释的那样，我总是不断在思考，在孩子成长过程中父母要承担的那些最核心的责任。对我而言，此生最大的命业就是思考孩子的成长到底是怎么回事，其中也包含着父母要怎么向孩子学习。

　　儿童是成人之父。从字面上理解，儿童未来会成为成年人、成为父母，父母都是从儿童成长起来的。任何一个成年人都需要向儿童学习，都需要从儿童身上汲取丰富的营养。但它更重要的是强调儿童所经历的一切，其实即使在成年之后你还是要不断面对的，也就是说童年的经历是人一生成长的基础。我把它总结为：童年的幸福是人生幸福的半径，童年的痛苦可能是人一生的痛苦。一个人，尤其是他13岁之前的经历，会对他的一生有非常深刻的影响。所以，作为父母要保护好孩子的童年，要避免孩子的童年受到伤害，避免孩子在童年中孤单。比如我就缺乏安全感，就没能跟父母建立亲密的关系，当然这是需要父母做的，也是父母要做的第一项重要的工作。第一项的工作属于生命本身、属于身体。属于身体包含以下几层意思。

　　首先，作为一个父母，要保障孩子生命的安全即身体的安全。父母要有强烈而坚定的意识，作为父母，首先要保证孩子的生命安全，保证孩子的身体健康，保证孩子的身体不受任何不当的侵犯。

　　其次，父母要保障跟孩子之间有身体上的亲密交往。人的身体经常自然而然就有一种强烈的饥渴感，这是人的天性，当人还不会说话的时候，身体就会说话了。一方面它表现为孩子有需求，渴望父母的拥抱、抚摸。只要能让孩子闻得到父母的气息，孩子就会建立起安全感。另一方面，孩子会用身体来表达自己的不适与需求，比如发出声音，做出那种身体不舒适的动作，父母对此要有一种敏感与及时的反应。

　　最后，孩子身体的成长意味着他作为一个人的成长，孩子自然而然地会有身体的节律。作为父母，对孩子的这种成长需求你要敏感。跟孩子的交往方式，其实就体现了父母对他身体发展的一种呼应。

所有的父母都会面临这样一个问题。比如，孩子小时候哭泣，你是否马上抱他？卢梭在《爱弥儿》里强调过，这时不要马上抱，因为这样孩子可能就会有不好的习惯，以后经常会用哭泣跟你索求。然而，作为父母对孩子的这种身体要求应该及时回应。他穿的衣服太多了会不舒服；衣服包得太紧了会不舒服；他拉屎、拉尿了会不舒服；他口渴了、肚子饿了或者太热也不舒服。对父母而言，这不仅是个哭泣问题，孩子哭泣是有原因的。父母最重要的不是马上辨别原因，而是首先要有一种反应，要来到孩子身边，跟孩子有互动，有时候孩子得到这种互动后，马上会安静下来。所以这就说明，对于孩子的成长这种呼应很有必要，且要及时、快捷、敏感，这样孩子就能获得一种积极的回应，而这对他建立安全感、建立信赖感、建立一种跟父母之间更正常的互动关系都大有好处。在美国有一个实验叫哭泣实验，研究人员通过大量的观察发现，有些孩子哭泣，父母没有及时回应，或者哭泣时间长的，这个孩子的面容都会发生变化。孩子所有面容表情发生的变化，都是其心理或者精神上发生变化的外显。一个孩子有一张很苦的脸，那他得到的爱、得到的抚摸、得到的甜蜜话语可能是太少了。只有孩子快乐，他才会越来越好看，越来越精神焕发、热情饱满。因此，社会的进步其实表现在人精神面貌上的变革，而孩子的进步也表现在他精神状态能够持续保持一种高昂与热情。

那些没有得到爱，身体没有得到及时抚慰的孩子，表情会难看、愁苦。孩子哭泣太多，他的泪腺会比一般的孩子更为发达，这在生命里会有痕迹。很多人说我老爱皱眉头，可能童年缺少爱、缺少陪伴、缺少安慰，受的打击太多了，我总是愁眉苦脸，所以现在我要慢慢改变自己。我奉劝朋友们也要有这种意识，儿童是成人之父，我们的童年会影响我们的一生，我们需要有一种觉醒，孩子的童年也会影响他的一生。

我提出要培养最棒的孩子。什么叫最棒？身体棒，精神健康，对学业充满热情，对交往不恐惧，处处受欢迎，对自己的人生有美好的梦想，这样的孩子就是最棒的。最棒不是追求第一，而是使孩子处于自己最积极的生命状态中。对父母而言，在孩子成长过程中要承担起自己的责任。我曾经做了一个很有意思的调查，主题是孩子最讨厌父母说哪些话，有哪些话是孩子特别讨厌而父母却最爱说的。在我调查的同时，我在四川达州一个做初中老师的朋友也做了一个调查：父母常说的话里孩子最讨厌哪几句？没想到当时的调查几乎没法进行了，因为老师问孩子最讨厌父母说什么时，有孩子说父母好像很少骂他们，甚至他们都想不起来父母曾骂他们什么了，因为很多孩子已经很久没有见到父母了。于是孩子就开始讨论自己到底有多久没有见到父母了。有些孩子说父母寄回来的衣服他们都不能穿，因为父母都不知道他们的身高。原来这个班的孩子绝大多数都是留守儿童，他们说如果父母在身边，即使被骂他们都是幸福的，这话一说孩子们哭成了一团。后来这位老师写了一篇文章叫《张文质：我又把孩子给惹哭了》，听起来确实很令人心酸。所以，要培养最棒的孩子，首先要跟他生活在一起、给他安全感，哪怕有时候我们的批评教育会有差错、会过于严苛，但是总比让孩子觉得孤独无助强。

当时我做的问卷调查，数据是从近百所学校中的小学到高中的学生中获得的，这些父母以"70后"为主。

　　我分享一下孩子最讨厌父母说的几句话。第一句话是，"你看人家某某某，成绩这么好，你呢？"父母老是拿别人家的孩子教育自己的孩子，且由来已久。大家总说害怕孩子输在起跑线上，可我们把起跑线定为什么？其实孩子能达到的最好的目标就是他的起跑线，但我们总是把最好的孩子作为示范。事实上孩子后来最讨厌的就是爸爸妈妈经常举例表扬的那个人，他们肯定做不成朋友的。有人说学霸很孤独，就是因为他经常被班上同学的父母作为榜样，孩子都讨厌学霸，学霸只好在孤独中求败，这对他的情感成长也不好。一个没有朋友的孩子怎么能成长得好？所有人都不能在孤单中生活，父母不要一不小心就把人家的优秀孩子变成一个最孤独的孩子，这不是害了他吗？

　　第二句话也是父母最伤孩子的一句话，当孩子有一些想法想尝试、有一些梦想跟父母不一致或者父母没有想到时，父母就会说："不要试了，你肯定不行的。"你怎么知道不行？其实行与不行，要试了才知道，也许多试几次就真的行了呢？人还是要有梦想的，何况是一个孩子。所以作为父母，一定要避免说这句话。好像你老是在等着他失败一样，父母怎么知道孩子不行，多尝试或许就行了。但有时候更重要的是尝试的目的，我们并不是追求他一定要行，而是你要给他鼓励，即使不行，在得到信赖与肯定后，他也会建立起足够的自信心。不管遇到什么事情，爸爸妈妈一定要想着跟孩子说："你行。"大家不妨试试，这才是最为重要的教育：不是追求成功，而是鼓励孩子敢于冒险、敢于尝试，让他有勇气能够担当。这才是好的教育。

　　第三句最让孩子着急的话是："还不快点做，什么都这么慢。"这也是我到各地讲课时父母最常问我的：你看我的孩子，做什么都慢，怎么这么慢呢？我出过一本书叫《教育是慢的艺术》，很多家长以为我能够解决慢的问题，其实我解决不了慢的问题，有时我自己做一些事情也很慢，但是慢不影响我出了二十几本书。因为所谓快慢，首先不是一个时间的问题，而是一个节律的问题。慢往往是有原因的，比如遗传、父母的影响以及孩子的某种独特的理解方式。你不要轻易打乱他的秩序，因为打乱这种秩序，有一些孩子就完全没有自信、没有自我信赖感、没有自己的节奏感了，他的整个世界真的变乱了，这是很可怕的。所以有时候父母虽然整天催，其实并不能提高孩子的速度，反而经常会使孩子更烦躁，对父母的催促充满敌意，甚至有一些孩子曾跟我说，父母整天催，我就是故意要这么慢，看他有什么办法？因此这种教育毫无成果。对父母而言，一要接纳他，二要接纳属于他自己的节奏，然后在此基础上，通过鼓励或某些奖励的方式进行一些变革。我的孩子在小学二三年级的时候，做事情也比较慢，在一年级时我没有催促她，到了二三年级，孩子作业多了，有时实在完不成，我也很着急。因为我们希望能够保证孩子充足的睡眠，所以我要求孩子九点之前一定要睡觉。有时候作业做不完怎么办？比如她思考的速度、写字速度都有点慢，这时你要去鼓励她。于是我就给了孩子一些奖励，只要在九点之前她把该做的事情做完了，剩下来时间就属于她，由她支配安排，我会陪着她。对孩子多一些爱，总会有一些积极影响的。父母的问题在于给孩子讲的道理太多鼓励太少，要求太严格了而自己做的示范太少了。所以父母不能急，孩子真的不能催。

　　不理解孩子成长的第四句话是："我跟你说多少遍了，你还记不住。"

孩子要是都记住了，那他的大脑就成了仓库了，善于遗忘是人类最大的优势之一。实际上这是大脑的一个机制，它并不是一个储藏室，它有自己的筛选方式和更新系统。你跟孩子说的话，他不一定全记得住。你跟他说的是道理、知识、要求，他要经过大脑加工之后才能获得某种认知，所以不是你跟孩子说得多了，他就能记得住，有一些重要的事，不是要讲三遍，而是每天给他一个提醒，不重要的事就尽量不要反复提醒了。

第五句父母自以为是的话是："我还不是为了你好？"为孩子好，是要从孩子的立场考虑。有些"为了孩子好"是孩子根本不能实现的，有一些"为了孩子好"，会让孩子很不舒服，所以最重要的是父母要跟孩子对话。父母是要给孩子做示范，父母把自己建设好了，就是对孩子最好的教育。只有经常跟孩子对话，父母才能知道孩子的心中所想，你的好才能跟孩子的需求对上号。

第六句是父母不尊重孩子学习兴趣的话："看这些东西有什么用？它能帮你上好学校吗？"父母经常想的就是要考好试、上好学校、找好工作，最后赚大钱，结婚生子，如此不断循环。世界上的道理要是这么简单的话，就不需要学校了。孩子的兴趣就是他一生最大的财富，我们一定要尊重他、善待他，这样兴趣会成为他的特长，特长会成为他的专业，专业会成为他的事业，事业会成为他的命运，他一生的幸福都跟兴趣有关。如果你轻易剥夺了孩子的兴趣，也许他会达到你希望的人生目标，但是这种情况下他会不幸福、不快乐。那做父母的你会快乐吗？

父母让孩子绝望的第七句话是："你怎么这么笨？"我小时候一直被人家叫傻瓜，我也不知道为什么，大概我看上去就是个笨小孩，脑袋长得又大、人又呆。一个人要是知道自己为什么这么傻的话，那他就不这么傻了，这是世界上的一个难题。我的叔叔以前曾跟我奶奶说："我这么笨，你还把我生下来干什么？"可能有一天你的孩子也会这样问你，我们要理解孩子的愚笨，有时候愚笨也是天分。这种天生如此是他的优势，是一种后发优势，这个孩子反应慢，而反应慢也会成为他的优点，劣势也许会成为优势，这取决于父母怎么做。

父母让孩子的痛苦雪上加霜的第八句话是："哭有什么用？不要哭，不许哭。"哭还是有用处的，人哭完以后心情会舒畅多了。我的孩子有一次作业没做完，想第二天早上起来做，结果睡过头她就大哭一场。后来她说老师也没批评她，老师那天好像忘记了。她妈妈笑她早上白哭了，可孩子说，哭完以后她一天心情都很好，看来必要的宣泄非常重要。

第九句父母说的后果最严重的话是："你太让我失望了！"它的升级版是"我怎么生出你这样的孩子来"。父母们要谨记，这句话绝对不能说，说了以后孩子很可能会面临一种你所意想不到的危险。作为父母要克制，要去珍爱孩子；作为父母，要接纳孩子的一切，在接纳与尊重的基础上，你才可能真正帮助到孩子。

第二节　身体第一

如何才能让你的孩子受人欢迎？有一些孩子不受人欢迎，还有一些孩子在与人相处时有很大的问题，有些孩子在性格或者品行等方面有些问题。如今，社会的发展对孩子品格的要求，对孩子与他人相处能力的要求应该越来越高了。比如在欧美的电影里经常有一个细节，在孩子过完12岁的生日后，父母往往会问孩子有没有最喜欢的女朋友或者男朋友。

我觉得电影里好像太夸张，孩子这么小，你就鼓励他早恋？其实在外国没有"早恋"这个词，只有中国有这个词，父母觉得孩子这么小，千万不能跟人家有恋爱关系。这还没到恋的程度，父母为什么要问孩子有没有喜欢的异性呢？其实就是学习跟人交往，在恋之前还是要学习恋的，只有学好了恋以后才会爱。学对了，学得瓜熟蒂落了，那才是婚姻，其中有一个升级的过程。而这个升级的过程里有一个因素很重要，那就是你怎么跟人相处。跟人交往，跟人相处是需要学习的，不是你自然就会的。我们太相信自然而然了，而没有相信这本身就是需要教育的内容，一个有好品行的孩子是父母教育的成果。你跟孩子之间该怎么交往？比如，孩子上幼儿园之后就需要有同伴。孩子3岁之前都以自我为中心，有没有同伴不重要，因为此时他最主要的同伴是父母与家人。但3岁之后他就需要有同伴了，就会找同伴了。我一位朋友的孩子，很小时候每次去我家都不肯回家，都会哭着闹着在我家住一个晚上才回去。因为孩子太孤单了，他太渴望有自己的同伴了。所以父母要帮助孩子找同伴，要鼓励孩子找同伴，当然还要指导孩子找到最好的同伴。其实我第一次搬家，就跟孩子的同伴有关系。我们原来的邻居有三个孩子，其中一个是男孩，比我女儿和她两个同伴要大三四岁。这个男孩就是在孤独中长大的，搬过来以后发现邻居有三个小妹妹，开心得不得了。开始时他非常受女孩们的喜爱。女孩们看到来了一个哥哥都非常高兴，就跟他在一块玩，但是第二天她们就不喜欢他了，因为这个男孩不懂得怎么跟女孩相处，有时候情感表达过于热烈，会捉弄这些小女孩。总而言之，他没有一种跟其他女孩恰当交往的方式。但接着她们三个女孩之间的交往也有了问题，三个女孩的交往很容易失衡的，另外两个女孩成了一个联盟，我的女儿就成了失衡的那一方。孩子本来不太容易这样，但其中邻居的一个孩子，因为从小父母之间矛盾不断，所以她在性情跟与人交往方面有些问题，可能因为她的某种不安全感，她就需要在三个人中打破平衡，需要跟另外一个结成联盟。所以我的女儿就成了比较弱势的一方，再加上邻居家庭的各种冲突矛盾，我们的孩子每天都能看到，所以当时我想着早一点搬家，早一点让孩子在一个更好的环境中成长，更好的环境也包括她更好的同伴环境。我女儿最好的同伴就是她表妹，她们之间只差了一个月，从小玩在一起，而且她们两个性格上有一种很大的互补，我的女儿特别像姐姐，她的表妹特别像妹妹，两个人真的是亲密无间，这很大程度上弥补了她们作为独生子女的那种孤独感。我也从她们两个人的相处中，能特别体会孩子成长的不容易，尤其是独生子女，更需要同伴。我们要有这个意识，孩子是需要同伴的，同伴之间的相互影响、相互教育本身就是一种学习方式。有了这个意识以后，作为父母会自然而然地鼓励孩子跟同伴交往，跟同学交往。

　　我还强调当孩子的同伴到你家里来时，你要特别热情地接待，要给孩子创造更宽松的家庭的氛围，要让孩子来了玩得开心。当然也要注意分寸，开心就好，不要失控。当然有时候孩子之间会有一些不愉快或矛盾，父母不要过于积极地去干预，因为有时冲动、不愉快也是孩子之间自然相处的方式，或者叫学习相处的方式，顺其自然就好，过一会儿他们自己就解决了。只要不是很严重的冲突，父母就不要介入。即使很严重的冲突，父母也不要有太多情感上的某种不恰当的倾斜，而是需要跟对方的父母一起协商解决，不要因为一个冲突就让孩子失去了多年的同伴友情，甚至变成了根本不愿意交往的敌人了。父母要鼓励孩子交往，帮助孩子更好地交往，出现问题的时候，要跟孩子以及其他孩子的父母多一些协商。其实孩子间不会有什么大问题，通常是一些情绪上的问题。你自己的情绪平和了，孩子的情绪就容易解决。这是孩子小时候跟同伴的交往，是随着年龄的增长，这种同伴的交往还会有其他的问题。比如，孩子要如何跟自己观点不一样、生活趣味有差异甚至文化信仰不一样的人相处呢？这才是真正要学习的。早期的同伴交往学习要升级，这个升级就包含了一种文化意识。

　　这个世界不是只属于某一些人的，这个世界实际上本身就是复杂多样的，而每个个体间的差异也很大。我们该用什么方式帮助孩子理解这个世界，理解他人呢？有包容心，有更开阔的接纳能力，越大越能接受有差异的文化，而不是处处以自我为中心，以小我为中心，要能跟世界相处，跟陌生人相处，甚至跟信仰、价值观、性取向等不同的人相处。《世界是平的》这本书里谈了一个我特别认同的观点：我们今天培养的孩子都是未来世界的领袖。所谓领袖指的就是各种各样的管理者，管理者的最重要素养之一就是合作能力。合作既是一个理念，又是一个方式，怎么跟不同的人合作其实是一种智慧，作为父母，这就是我们经常要思考的核心问题。

说到受人欢迎方面，孩子除了在性格上交往能力上要学习，其实任何的交往都包含着你跟别人生命特质的一种交换。你有什么优势让你受人欢迎呢？可能是你有独特的魅力。关于优势，以下几种品质特别受重视。第一，幽默感。孩子跟人交往，有幽默感，有语言的智慧，善于处理复杂的问题。第二，口头表达能力。其实在具体的生活中，言语上有优势，口头表达能力强在某种程度上比书面表达能力强还重要。我们很多中国孩子到国外，包括中国运动员到国外都有这种感慨，我们太不善于主动表达了，我们不善于表达自己独特的心声。我们喜欢说"沉默是金，言多必失"，我们把言语量跟差错等同了起来。其实我们在任何一种交往中，在任何一个场合中都要学会主动表达，表达个人的见解，这是我们的教育要努力的方向，对孩子来说，这是一生的功课。我们大部分人性格都比较内向、不善言辞，在公共场合时说话会手足无措，或者一定要拿着讲稿，这些都是受教育的过程中有一些偏差。

我自己也是一个性格很内向的人并长期深受其苦，甚至大学毕业时我的老师还认为我不善言辞。可能那个时候真是如此，后来我一直在努力改变这一点，尤其当我觉得自己的某些短板不希望孩子也有时。所以我特别爱鼓励孩子敢于表达，从来不否定她的表达，从来都是鼓励她去勇敢面对。孩子读幼儿园时，歌唱得不是很好。一次福建省文联举办了一个大型活动，她跟着妈妈参加了，当时有一个自由演出，我女儿居然主动跟主持人说她要唱一首歌，她妈妈大吃一惊，然后孩子就颤巍巍地把歌给唱下来了，全场人都惊呆了，不是因为她歌唱得好，而是一个幼儿园小班的孩子居然主动跑上来要求唱歌，这太难得了。一个孩子3岁就不怕生，也可能她一生都不怕。现在来看，表达也是她的巨大优势之一。说到唱歌，我又想到一个事情，我孩子一直认为自己唱歌走调，但在她读高一时，有一天突然特地给我们挂越洋电话说她唱歌不走调了。我很高兴，终于比她爸爸强了，有时候爸爸唱歌还会走调。在孩子的成长过程中，我们知道她歌唱得有些不好，但对孩子的短板你应该视而不见，好像根本就没这回事，这就是做父母的智慧。对于孩子的某些不足，你不要过于敏感，而是要鼓励他去自我改善。孩子哼唱就让他哼唱，唱走调不要紧，这不是失败而是练习，也是个改善的过程。你的鼓励他都能感受在心，所以孩子才会打越洋电话说自己不走调了，这不就成了家庭的快乐吗？作为父母，你鼓励孩子跟人交往，孩子自然就不管什么样的人他都能交往，他不就成了受人欢迎的人吗？他在跟人交往时就没有什么太大的短板。这是我认为特别需要跟父母们分享的一个观点。鼓励孩子与人交往，帮助孩子获得跟人交往的这种能力。在孩子跟人交往时，你还要给孩子一些具体指点，当孩子遇到困难时，你要学会接纳他的不足，鼓励他自我调整。这样孩子在跟人交往时才能变得更为开阔与自信，也能够超越自己的情绪或者功利的考量。这样的孩子不就是受人欢迎的孩子吗？

在谈到孩子受人欢迎这一优势上，很多学者都讲了一个观点，那些爱运动的孩子一定是最受人欢迎的人。因为运动是人类共同的娱乐方式，在运动的过程中，人们一定会有更多的合作，合作就会有分工，就能见识到彼此的长短，优势或者不足，就能够建立起一种亲密感，这就是共同体。能玩在一起的人，肯定会成为好朋友，玩在一起会使孩子有归属感，这一点很重要。当然运动的重要性还不止于此，运动就是人类生命的一种需求，这是天性，人类能够在宇宙中尤其是在这个星球上存在下来，其实是跟人类的身体状况、身体能力关联在一起的。人并不仅仅只靠智慧活着，还靠身体活着，这个身体就是具体的身体能力、运动能力。

　　如果你要想更有效地教育孩子，就要跟他一起运动，在运动的过程中很自然地跟他对话交流，你就在影响孩子。一个人只有身强力壮，才能自食其力。如果他对运动毫无兴趣、对室外生活完全不向往，就算这个孩子宅在家里，也会病在家里，这个病可能是身体之病，也可能是精神之病。让孩子保持健康，保持生命生机勃勃的活力，就要让他热爱运动。更健康的孩子很可能外貌是：第一，皮肤黝黑。我们孩子的皮肤在户外应该晒成黑黑的小麦色，应该热爱运动，热爱阳光，热爱户外的生活。第二，牙齿洁白。孩子应该保持良好的生活习惯，爱惜自己的身体，自己的身体很干净、清香，所有讲卫生的人都是更受人欢迎的。在生活中孩子应该是有很强烈的整洁、清新、健康这种意识的人，这种人也是更受欢迎的。第三，眼睛明亮。今天我们中国孩子的近视率已经是世界第一了，我们应该怎么改善它？有人认为是课业负担太重造成的，其实这只是原因之一。它还跟孩子缺少运动、缺少仰望星空、缺少遥视远方、眼中对绿色世界的关注太少有关，其实就是孩子的户外生活太少了。怎么让我们的孩子眼睛能够变得更明亮？这是家庭一个很重要的命题。第四，浑身有劲。我非常赞同运动能够改造人的整个精神世界的观点，运动会使人变得快乐，运动会使人变得更为灵敏，运动会使人变得更聪慧，运动会创造人生最大的幸福。今天我们的家庭在学业与孩子的运动，学业与孩子的休闲，学业与孩子的睡眠方面都在进行着拉锯，但是我们很多父母都支持学习第一、成绩第一这一立场。很多父母就会轻易牺牲掉孩子的睡眠、休闲、运动、交往。当孩子精神上出现各种困顿，当孩子宅在家中，当孩子对未来再也没有任何梦想时，当孩子生活变得非常病态而又苍白，当孩子毫无跟人交往的能力，当孩子在众人面前毫无魅力可言时，父母才开始着急，但此时已经过了教育的有效期了，你真的只能干着急，事实上此时你压根帮不上他，反过来父母还觉察不到孩子一生所有的麻烦都跟你过于片面地追求成绩、上所谓更好的学校有关。所以我经常会想，其实对孩子成长而言，父母也需要各种的平衡。所谓的平衡，就是在有些地方需要有所让渡，学业成绩首先是跟孩子独特的天分有关，但是这个天分不能过度使用，很多父母过度使用了孩子的天分，比如说减少睡眠、减少运动、减少休闲、减少与人交往，这样确实能让学业成绩有所提升。但是这个提升是过度使用天分得来的，这是需要付出惨痛代价的。自然地按照孩子生命状态来，比如说为什么周末要休息两天？周末不工作是人类应该有的一种福利，而我们今天中国所有的孩子周末都在工作，甚至周末的工作会更加地辛苦。不知道大家有没有看过一部《天使爱美丽》的电影，这部电影我看了好几遍，里面有一个我特别喜欢的细节：到了周末的时候，一个乞丐牵了一只狗坐在他原来乞讨的地方晒太阳，这时有人给他钱，结果他拒绝了，他说了一句，今天我休息。作为一个乞丐也有休息的权利，今天我不要施舍，我在享受阳光。有时候父母需要注意，不能为了孩子的优秀，不惜一切代价地把孩子所有的兴趣爱好、所有的交往、所有的运动全部都牺牲了。

我们很爱说"出来混总是要还的"。我们不会想到要还的，也不会想到孩子身体要还，或者情感要还。我们有一点单相思，我们总觉得学海无涯苦作舟，我们总觉得所有的付出一定会有回报。李开复得了癌症以后有个反省。他说自己年轻的时候总是觉得勤奋一定会有回报，得病了后才知道，过度的勤奋是有麻烦的。年轻时的他会跟很多人比谁晚上睡得少、谁回复邮件最快，这就是以牺牲健康换取成功的典型，后来他才发现这种生活与工作方式是很有害的。每个人的身体，既是用来学习的，也是用来做自己喜爱的事情的。人要按照自己的节律去做喜爱的事情，该休息的时候休息，该放松的时候放松。有个妈妈和我说她孩子有点偏科，数学比较差，后来我问她孩子多大了，她说幼儿园大班，当时真的把我惊呆了，孩子幼儿园大班就偏科了！在幼儿园阶段，孩子应该游戏，让他过早学习、过度学习、过严要求，其实也会使这类孩子上小学后遇到各种麻烦。有些学霸往往精神上会有些问题，生活在各种焦虑之中，他更容易以胜出为自己人生的最高追求，但当他不能胜出的时候，各种人生的崩溃感就会随之而来。父母对孩子的一生要有长远的眼光，更要关注孩子的身体健康与生命安全，需要培养一种他终身都能用得上的最重要的能力，就是与人交往、与人合作的能力。这样的孩子不就是我们能够成就的最美好的事业吗？

孩子的身体健康与他的学业成绩关联巨大。苏联著名的教育家苏霍姆林斯基曾做了很多孩子的个案研究，并把孩子的健康状况记录在案。通过多年的研究，他得出一个见解，孩子学业问题，85%跟孩子的身体能力有关。孩子身体过于虚弱、不强健、容易走神甚至专注力不够、持续学习时间短暂等，实际上是健康问题，而这些健康问题又会直接影响孩子的学业成绩。所以在孩子的学业上，我们不能简单只依靠让孩子加班加点，只依靠让孩子跟疲劳做斗争来取得好成绩。没有一个健康强健的身体，孩子无法跟疲劳抗衡！

第三节 隔代教育是个问题

前几年我为苏州市编写了中国第一套分年级的课程化家庭教育的教材《新父母课程》，这个父母读本2017年在江苏凤凰教育出版社正式出版了。在做这个项目研究规划的时候，我曾在苏州市进行了一个问卷调查，调查结果表明，苏州市三代同堂的家庭占到68%左右。当时数据出来时，教育局长也很惊讶，她也没想到苏州有这么多三代同堂的家庭。前两年我在深圳光明新区也做了调查，我发现光明新区三代同堂的家庭更多，超过了70%。在这个调查里，大部分爷爷、奶奶、外公、外婆承担了家庭里重要的教育孙辈的责任。他们不仅承担了不少家务，还承担了接送孩子、晚上陪伴孩子做作业等任务，甚至日常的生活中，他们才是家庭教育孩子的主体，这也是今天的家庭里面普遍的状况。像我这样的60后，那时的核心家庭大都是独生子女家庭，夫妻两个和孩子生活在一起，教育及接送孩子等大量工作是亲力亲为的。但是到了80后时，生活发生了很大的变化，其特点就是很多的父母跟孩子与孙子又住在一起了，慢慢又形成了新的教育问题，叫三代同堂的隔代教育。有一些人在想，在中国传统家庭，不也是三代同堂吗？有的甚至四代、五代同堂，为什么那个时候没有教育问题，今天就有问题？这是一个很好的问题，很值得思考。在中国传统的三代同堂、四代同堂甚至五代同堂的家庭里面，教育孩子最核心的责任还是在父母身上。也就是女主内男主外，母亲负责相夫教子，父亲负责解决生活的基本的生存与发展问题。夫妻之间有分工，这时教育孩子的责任往往在母亲身上。于是就有另外一个说法叫慈父严母，母亲非常严厉，因为她要陪伴孩子成长，要督责孩子的习惯、品行、行为包括各种态度，母亲是言传身教。母亲对孩子的成长往往极为谨慎，生怕出了差错，这一点很重要，在孩子成长过程中始终都有一个第一责任人。胡适先生童年很调皮，那个时候他父亲已经不在了，一调皮母亲就罚打他。母亲对胡适的责打，他一生铭记在心，而且也成了他后来成长的关键。他对母亲充满了敬重、敬畏。他最听他母亲的话，甚至母亲的立场对他影响也很深，包括他后来的生活起居，特别是婚姻等很多方面。不管这个第一责任人做得是否都那么恰当，但是让孩子在家庭中有所敬畏，尤其是对父母两个或者其中的一个有所敬畏，对孩子的成长而言都非常重要。康德说：人性本来就是一个弯曲的木头，如果你任其弯曲，这个孩子很可能就会犯上作乱，很可能就会胆大妄为。所以有所敬畏，就是让孩子在生命的早期就有一个准绳，定好一个方向。《精彩极了，糟糕透了》，讲的是一个美国作家自己的童年的故事。他在童年时写的文章，妈妈一看就觉得他是天才，总是夸他写得精彩极了。而他爸爸本身就是一个很厉害的作家，一看他的文章就觉得太糟糕了，矫揉造作，写得实在不行，所以总是批评说糟糕透了。后来他长大了以后，反省这件事：母亲说我精彩极了就是鼓励我继续写作；父亲说我糟糕透了就是让我不要翘尾巴，不断提醒自己应该继续努力，才能够得到父亲好的评价。虽然童年的时候被父亲批评说糟糕透了，他也感到很委屈、会掉眼泪，但父亲这种批评是一个非常重要的提醒。所以在一个家庭里面，妈妈要么很严厉要么很慈祥，其实无论严厉与慈祥对孩子都是一种引领。家庭之中第一责任人一定要确立起来，这个第一责任人确立起来，虽然父母分工会有所不同，但是在父母之间还是需要建立一种共识。父母有了共识之后再讲分工，有时候共识就是一个人扮红脸，一个人扮白脸，但不管怎么分工，对于要培养什么样的孩子，夫妻的认知要高度一致。所以在中国传统家庭里面，你看上去三代同堂、四代同堂，甚至聚族而居，但是教育孩子的核心任务仍然在孩子的父母身上。今天情况发生了一些变化，城市结构发生很大的变化。现在你生活跟工作的地方和孩子上学的地方，不是在一个比较小的方圆之地，往往是父母上班地方非常之遥远，那接送孩子的就是爷爷奶奶。爷爷奶奶一不小心就变成一个强劳力了，每天起早摸黑，其实让爷爷奶奶接送孩子，一方面他们会很辛劳，另一方面因为年纪大了，再加上他们原来对自觉遵守交通规则的意识很淡薄，很多城市时常会发生由于爷爷奶奶、外公外婆接送孩子所导致的各种悲剧。这个问题引起我很多思考，比如，最好的学校离你家很远，要开车或者乘车半小时以上才到达，而家门口的学校只要几分钟，你到底会选择哪所学校？从安全系数、从孩子正常睡眠，生活跟学业的便捷度来说，可能选在家门口的学校会好很多，这是另外一个话题。再回到三代同堂这个话题上，我上一次在深圳的一所学校给孩子的父母讲课，说实在我到很多学校讲课都希望是孩子的父母到场。但那天来了一位奶奶，她是当天听课人里最认真的，讲课到后面的讨论环节，这位奶奶就要求发言。她说我今天是非常认真听的，也做了很多笔记。我们能够为子女承担一定的责任，但是没有想到慢慢地所有责任放到我们身上来了。子女们认为既然你能够承担，你60多岁还身体很强健，你也受过不错的教育，就是我们能做的事几乎你都可以做。她说我承担的事情越来越多，子女及时回家的天数越来越少，甚至回家之后就像一个大老爷一样坐在那边看电视、玩手机，陪伴孩子晚上作业、督促作业，这些事情都由爷爷奶奶来承担了。这位奶奶说的一个观点，爷爷奶奶即使能承担，也不应该跟孩子过于亲近。因为过于亲近，实际上就必然使得孩子跟他的父母之间的感情亲密程度受到一定的损害。孩子最需要亲近的应该是他的父母，最需要依赖的也应该是他的父母，甚至最需要敬畏的也应该是他的父母。那么爷爷奶奶在家里是第二重关系，他们在孩子成长这一点上应该是一个帮助者或者协助者，而不应该成为一个主导者。我也有这样的思考，爷爷奶奶在这个家庭里面，承担什么样的责任？这一点很重要，即使他有能力，也只能承担相对的责任。这个责任始终放在孩子的父母身上，对父母自身的成长也是很重要的事，你参与孩子的成长、陪伴孩子的生活、主导孩子的未来，实际上你跟孩子这才是真正的生命共同体，你才会跟孩子的所有的喜怒哀乐休戚相关。你如果成为一个旁观者的话，说实在，人天性里面都有退缩这种倾向，都有偷懒的这种惰性。慢慢地你就成了一个在场的不在场者，就成为一个虚假的父母了。这对孩子成长来说，父亲怎么是这样的一个榜样，或者母亲怎么是这样的一个榜样。好像我的成长是爷爷奶奶的事情，是外公外婆的事情，这对孩子的生命释放也是很糟糕的。如果从正面来说，其实很多父母的辛劳是要让孩子看得见的，是让孩子能够感受得到的，这种感受是孩子成长的一个非常重要的资源。人活着不容易，人活着就需要自己去承担责任，而我父母就是最好的榜样。这种直观的叫有机的教育，而不是空口说白话，更不是一天到晚就忙着说教。一看到孩子有问题，情绪就严重失控。你参与到孩子生活中，你才能知道成长的问题在哪里，也能理解孩子成长过程中所遇到的各种的困难与挑战。你跟他之间是亲密的分享者，是美好的相互促进者，这是何其重要呀！有一次在某个地方讲课的时候，一位父亲提出来，认为父亲也担任了社会非常重要的工作，所以加班加点是应该的，把责任放在爷爷奶奶身上也是必要的。他滔滔不绝讲了很久，当时我有点为难，因为我不想当面反驳他的观点。但是没有想到那天来参加家长会的爷爷站起来了，他说"我今天来是因为儿子跟儿媳妇出差，但是听了这位先生的观点，我完全不认同。"从社会结构来说，建立家庭就是为了帮助孩子更好地成长。而这个最核心的帮助者，是孩子的父母，也只有所有的家庭都承担起这样的责任来，我们下一代才能承担得更好。虽然有一些工作上的各种困难，但更重要的你一定要有一个意识，你的孩子才是你最重要的事业，你孩子的一切，你是第一承担者。你有了这个意识之后，实际上生活中很多的困难是可以有所平衡的，当然更为重要的一点，你在家庭做一些分工。你在家庭里面这种分工，实际上最重要的目的，就是始终需要有一个孩子成长、生活过程中的在场者。

对孩子的影响来自日常。比如说孩子出了大问题：作业舞弊、旷课、逃出学校，或者跟人打架、抽烟酗酒、考试舞弊、吸毒、过早性行为，这都是一些大事。大事从来不是突然发生的，大事往往是由于孩子在做一些小事、做一些有危险会引起大麻烦的小事的时候，父母没有发现、没有及时地纠正解决，最后酿成大错了。你这时再想改正它可太难了，也可以说悔之晚矣。我一直强调，抓住起始处，抓住关键处，当然还要抓住随机指点。看到孩子的问题，刚刚露出端倪来，你跟他辨析，因为那个时候孩子不知轻重、不知利弊，作为父母就需要非常及时地帮助他做一些开解，这样孩子就能得到更好的帮助，不是说爷爷奶奶做不了这个工作。这里面还要说一点，大部分爷爷奶奶这一辈的人，对孙子、孙女、外孙、外孙女都有某种意义上的补偿心理。因为原来对自己的孩子都太严厉了，后来有所反省，这种反省也不可能对儿子说爸爸当年对不起你，你身上的某些不足，主要责任在爸爸身上，你承担30%，我要承担70%，这样的父母非常少的。虽然我前不久也听到一个朋友说，她60岁的父亲向30岁的弟弟道歉：今天你成长的很多麻烦是我造成的，我感到非常后悔，向你表示歉意。道完歉以后，他们亲子关系的冰山开始融解了，按照我的说法就是：那个魔咒被解开了。魔咒解开以后，两个人亲子关系开始变得亲密了。这一亲密还发生了一件很有趣的事，那个爸爸原来多年的肠胃疾病不治而愈，真的应了一句话：很多病都是精神性的或者叫情绪性的。自觉的父亲或者说自觉的爷爷奶奶，其实在我们生活中还是很少的。那么很多爷爷奶奶或者外公外婆就是只会暗暗地补偿，补偿在谁身上？补偿在孙子、孙女这一辈身上，这一补偿问题就出来了，他们怎么看孩子都是可爱的，他们看孩子的错误都是可以原谅的，他们看孩子的所有的问题都是小问题。不是说他们没有价值判断，而是他们心肠变得太柔软了，一方面是想补偿，另一方面自己的心肠变太柔软了。什么叫心肠柔软？这就是人性。一个人过了四十几岁就自然而然地开始心慈手软，看着孩子太可爱了，做什么都好，惩罚他做不到的。有一位歌唱家说他有时候想打自己的孩子，手举起来自己先流眼泪。因为这个歌唱家五十几岁才生的儿子，心肠已经太柔软了，这么一柔软，最后这个儿子因为没有得到及时的管教，最终就铸成大错。在很多家庭里面都有这一类的问题，所以在家庭要形成共识有点困难。但是你必须有这种意识，去推进家庭形成共识。当然更重要的是作为父母，在生活上可能孩子爷爷奶奶这一辈的人能够帮你的忙，但是不能把教育的权利都交给爷爷奶奶。在家庭里面，其实真理掌握在谁手里？真理并不是掌握在那些正确的一方，而是掌握在脾气最坏的人手里。说实在爷爷奶奶很多仍然保持着对他儿子、儿媳妇比较坏的脾气，所以在家里面有时候道理就说不通，共识就难以形成。那么如何形成共识？我觉得经常需要在家庭开会，还是要多交流，虽然这种交流有困难。

我一个朋友觉得我的书也很值得爷爷奶奶读，就买回家给她婆婆看，婆婆一看就生气了，认为儿媳妇在怪她没带好孩子，她带了这么多的孩子，包括孩子爸爸不是带得好好的吗？她是能够带好自己的孩子，这没错。但是今天所有人都需要再学习，所有人都需要与时俱进，所有人都需要提升对教育的理解。需要在家庭里面经常开会，经常讨论。当然还要分析一下，如果是跟爷爷奶奶住在一起，父亲这个角色就特别重要。父亲要跟他的父母更多地做一些交流与沟通。如果是跟外公外婆住在一起，妈妈就很重要，妈妈也需要跟她的父母多做一些交流。所以这样才可能避免另外一个人成了夹心饼干。有时候交流的困难就在于三代人之间情感、态度、价值观包括教育孩子的共识方面有很多的偏差，对孩子有的是过分的纵容。当然也有一种是爷爷奶奶或者外公外婆成了教育孩子的主体了，孩子的父母又不在身边，他又会滋生出另外一种问题来。这个孩子缺爱、缺少安全感，而这种内在的安全感，是爷爷奶奶外公外婆没办法帮助孩子建立的。

在正常的生活中，整个家庭对下一代的教育必须形成共识，包括必要的分工，经常一家人坐在一起研究一下，如何使孩子受到更好的教育，如何用一种更恰当的方式引导孩子的成长，这要成为家庭的功课。你今天把它做好了，这个家庭和睦、其乐融融，孩子的培养就能够恰当到位，引领的方向就很明确。如果这些做不好或者说掉以轻心，那么孩子的学业习惯、克服困难的决心、劳动意识的培养等方面就容易出差错了。所以孩子是父母最大的事业，孩子不是爷爷奶奶的事业。

第四节　工作、生活和育儿责任的平衡

孩子是父母最大的事业，会面临很多挑战。

社会的结构与家庭的结构发生了很大的变化。在大城市里生活不容易，上班远、学校远，花在上班路上或者花在上学路上的时间太多了。爷爷奶奶或者外公外婆为什么承担这么大的一种责任，这跟城市的扩张、工作的繁忙，跟我们选择学校都有很大的关系。每个人都面临一个问题，你的工作、生活跟你的育儿责任之间是怎么平衡的。曾有人问我一个题外话，说我们交通这么拥堵，有没有可能解决这个问题，我不是交通专家，也不是城市规划专家，但我觉得它是一个结构性的问题。我们的城市所有的资源——政府机关、各种办事机构、医院、学校、娱乐场所、酒店、住宅全部都集中在城市中心。所以城市中心是一个具有超级功能的综合体。你上班在城市中心，下班也在城市中心，接送孩子在城市中心，最后城市中心这种交通拥堵会变得越来越严重，不管你城市怎么扩张，但是这种本质的结构没有改变。而有一些国家，它们的结构不是这样的。

我第一次去澳大利亚堪培拉时大吃一惊。我们到的时候已经是傍晚了，却发现所有的车辆都是往郊区开的，只有这一种方向。等我们到了市中心，那里已经没有人了，我以为还没到达市中心，又坐了一站公交车，结果发现已经到郊区了。实际上它这个中心只有单一的功能。比如说行政功能或者购物娱乐，当然是属于白天的购物跟娱乐这种功能。到了晚上，连饭店都关门了，所有人到郊区回到自己的家里去了。我们就能明白为什

么在美国有些市中心的学校是平民学校，因为那些父母是在市中心从事服务行业的，这些父母往往都是社会的底层。当然，我不是城市的规划师，对城市的功能也没有太多的研究。但我意识到，我们城市的很多功能或者很多这种结构性的问题是难以改善的。所以在这种情形底下，你的工作、生活、娱乐，经常会有冲突的时候。

有一个作家他35岁以后，有了第一个孩子，那个时候开始他就有一种非常强烈的意识，也可以说是一种生命的自觉，他觉得有了孩子以后，他要把生命的一半交给孩子。也就是说要把一半的时间、一半的精力、一半的关注中心，完全投放在孩子身上。有研究表明，现在26岁的青年人的心智相当于以前18岁孩子的心智，人的心智成熟的速度放慢了，而身体成熟加快了。很多人到了法定的结婚年龄，包括生育也到了法定的年龄，但是心智成熟，并没有到达真正的想成为父母的最佳的年龄。心智成熟不到位，你在和孩子发生矛盾的时候，落脚点放在哪里？

有朋友曾经跟我说，她在瑞典准备生第二个孩子，跟医生征求建议，她告诉医生她已经36岁了，是大龄妈妈。没想到医生告诉她36岁是瑞典妇女生第一个孩子的标准年龄，让她大吃一惊，西方的女性成熟尤其是身体成熟早，但是她们生孩子的年龄要比我们晚很多，当时就引起我的一个思考。相对生儿育女而言，父母心智成熟是更重要的一件事。就是你真的想做父母了，你再做父母；还没有想好时，不要急着做父母。因为生孩子比较容易，但是养育孩子是非常艰难的。心智如果不成熟，有时候在孩子遇到各种问题的时候，你非常容易急躁、失控，也容易把自己应该承担的责任交给你自己的父母去承担，自己成了甩手掌柜。英国心理学家温尼科特称这样的父母为虚假的父母。因为只要你不跟孩子生活在一起，没有把身心放在孩子成长上，没有耐心地陪伴孩子成长，这样的父母都是虚假的。虚假的父母分两种：一种是根本不在孩子身边，只是名义上的孩子父母；另一种是虽然在孩子身边，但没有参与到孩子的生活，仍然是虚假的父母。在我们社会中这样的虚假父母有很多。你是真实的父母吗？你每天在孩子身上投入了多少的时间？你即使再忙再累，回到家的时候不是局长、不是总经理、不是校长，回到家你就变回父亲、就变回母亲。你是孩子的陪伴者，是孩子成长的生活方面、学业方面最重要的承担者、指导者，这一点很重要。

家庭分工很重要，前提是要有共识，然后再讲分工。我觉得分工明确了，非常有好处。我太太怀孕之后，我就开始跟她有分工，比如重活、脏活、累活，这肯定是由我做。还有一个分工是，我太太每天下楼散步的时候，我都会陪伴着她。尤其是孩子出生之后，家里的生活分工就更加明确了。比如，我负责每周要到农贸市场买菜，每天负责洗碗、拖地、倒垃圾，还要负责家里其他的比较重的、脏的、累的事情。还有一个分工，每天傍晚的时候陪女儿到小区到处玩、到处奔跑一个多小时，只要不下大雨，只要孩子没有生病，每天我这个矮个子爸爸，就会带着一个非常调皮的精瘦的孩子在小区里跑来跑去。有朋友说，你的孩子是小区最著名的一个孩子，为什么？因为天天都可以看得到。她两岁半开始上幼儿园，接送工作都是由我承担的。我接送孩子有八年时间。大家之前听我课里面也听到，我说我经常参加黄克剑老师组织的哲学聚会。凌晨才回家，到家有时候五点多了，孩子七点左右就要上学，其实我就和衣在床铺上躺一会儿，过一会儿就得把孩子送到幼儿园或者小学去。一个人再忙再累，不要轻易推卸自己的责任。这就是为人父母应该有的一种自觉。

有一次我在厦门讲课，现场有人提问说："张老师，你作为一个父亲、一个丈夫，在家里做哪些家务事？"我就说了上面这个事。现场就有人说，你做了这么多，那你太太还做什么呢？她不是都没有事做了吗？这个问话人，可能很少做家务事。其实在家里妈妈要做的事情太多了，弄吃弄喝的、整理房间、洗衣服、收衣服，更重要的是陪伴孩子——陪孩子读书、听孩子读书、跟孩子游戏……一天到晚忙不完。一个人太忙会怀疑生孩子干什么，为什么要干这么苦的事情？如果你没想清楚，如果你不是真的很想成为父母，你会很容易感到沮丧的。人生有时候就是来受苦的，因为只有在苦里面你才有甘甜。孩子是你的忧伤，也是你的甜蜜，所以想明白了再生孩子，心智成熟的时候再生，你有勇气去承担各种困难与挑战的时候你再生。你不要把工作中的烦恼、情绪包括自己成长的某些隐隐作痛的顽疾在你自己的家庭继续，孩子成长过程中避免发作你的痛苦是很重要的。

我们自己所受的苦、所经历的童年挫折，对世界的某种怨恨往往会在孩子身上重新演绎一遍。孩子很可能很像你，你必须要反省。这个反省是什么呢？首先你要跟生活和解，要跟你自己的童年和解。你童年所受的苦，你需要有强大的意志去释放那种苦楚。所谓释放是指心灵的释放，而不是带着怒气释放。以前有一个朋友跟我在一块聊天经常容易产生冲突，跟其他朋友在一起也会冲突，大家都很怕他，觉得他怎么脾气这么火暴，这么难以合作、难以交谈，怎么从不会跟人妥协。我觉得这个人成长可能有点问题，后来我问他的太太，她先生为什么脾气总是这么暴躁？她说他童年很苦的。他母亲给了他太多仇恨的教育。他上大学的时候，他的妈妈送他到县城坐车，就在村外面的树上，要他刻下仇人的名字，这就是仇恨教育。在一个人心里面，他总是怕吃亏，总是怕被别人轻视，总是怕自己陷入失败失去尊严，所以他动不动就把朋友之间有时候是很自然的一些言语，上升到价值观方面的碰撞。一个人做了父母之后更需要有这种反省，为人父母是一个人生命中重要的自我更新最佳时期。生命自我更新一定能够对孩子的成长带来无穷无尽的美好滋养。

对自我生命的理解，对自我生命的某一些敌意、怨恨、排解，都需要不断的提醒。只有拥有这样的一种提醒，你才能去处理生活中各种冲突、各种麻烦，才能在孩子成长过程中，无论遇到什么问题，内心有一种从容感。这个从容感表现为你时刻想到孩子的成长你是第一责任人，应该去承担，困难再大也要去做，你不做谁做，你不在谁在，你不努力谁努力。孩子是我们最大的事业，你有了这种自觉以后，生活中可能各种压力才能迎刃而解。这种转换对我们重新变得更为强大、更为慈祥、更有自信力，是大有好处的。这种变化当然也不是说你生了孩子就能实现，而是生了孩子以后你要学习做父母，学习也是一个缓慢的过程。从学习的角度来说，你要了解孩子身心方面的成长特点，要去了解孩子学业成长特点，要去研究孩子社会能力是怎么一步一步提高的，这也是我思考的中心。思考的中心也是分阶的，从幼儿园小班、中班、大班，到小学一、二年级，一直上升到高中，不断地把很多具体的问题回到具体的情境中，你去研究它。其实在研究的过程里面，它不是一般的知识获得，研究的是你生命能力提高的一个过程，是工作生活跟育儿责任的平衡。但是从根本的地方说是一种生命的自觉。作为父母，你有了这样的一个自觉之后，孩子即使犯再大的错误，你也不能对他失望、厌倦。孩子不仅是你最大的幸福，还是你一生的"对手"，甚至是你一生的"敌人"，也就是你是一方面跟孩子合作，另一方面可以说孩子也是跟你竞争，所谓跟你竞争指的是到底哪种力量占了上风，是善的力量、真的力量、美的力量、正义的力量、孩子身上那些崇高责任感和勇气，这些力量占了上风，还是其他的阴暗、敌意、仇恨、动不动就狂怒崩溃、动不动就完全陷入绝望，这些力量占上风？这种生命的能量可能有多种形态，一种形态是父子或母子之间成为一种共同体，是共同成长的家庭结构。如果你的能量是你的能量，孩子的能量是他的能量，两个能量没有凝聚在一起，更可怕的是成为相反的能量，就是你所期待的孩子完全不认同，孩子所需要的你完全不能理解，这样你就成了孩子的"对手"甚至孩子的"敌人"了。

父母不能成为祸害，孩子成为你最大的恐惧，这就麻烦了。这个问题可以分成三层来讲。第一，孩子当然是你的责任所在，你用心培养，孩子最后就成了你的一个最幸福的理由。第二，用心培养是要尊重孩子的天性、习性和成长的规律，你得有足够的耐心，这种耐心里就包含着教育信念的一种胜利。什么叫教育信念胜利？你尊重他的成长规律，你持续地给他帮助，在他有困难的时候你不会感到恐惧，也不会让这些困难统治家庭成为家庭的生活和生命的阴影。第三，有一些孩子还会有自己特殊的一些问题，特殊的问题就需要用特殊的方式来解决。跟孩子生活在一起你才能明白，有些特殊的问题可能是与生俱来的；有些特殊的问题只有你孩子才有；有些特殊的问题，你理解它、包容它就不成为问题，更不会成为灾难；有些特殊的问题不是现在能解决，但最终靠时间能解决；有些特殊的问题即使用时间都不能解决，但它不会构成孩子生命成长的障碍。你能跟他和平共处吗？他有自己的缺点和不足，他自己也要跟这些缺点、不足和平相处，一个人的不足也会成为优势。比如像我这样的一个矮个子，其实更容易受人欢迎，更容易引人瞩目，因为你一眼就能看到我这个矮个子，比我高的人不会被发现，矮个子就像姚明一样容易被发现。当然，这是一句玩笑的话，我想说的就是每一个人身上，你努力鼓舞他，可能一个不足就会成为他一生最大的长处，也可能会成为他最后事业的中心所在。不足经过转化后，会成为一种非常有能量的自我促进的动力源。

父母包括家庭成员之间要形成共识，各自承担不同的责任。父母承担了不同责任后，对孩子也是一种直观的教育。父母对孩子的责任，特别是9岁以后，母亲对孩子的影响慢慢地就减弱了。科学家研究孩子四年级以后，母亲对他的影响就降到40%左右。父亲对孩子的影响不断上升，所以父亲需要出场承担更大的责任。如果父亲此前很忙，这时你不能再忙了，否则孩子的成长会出现大麻烦。因为一个父亲的缺席，往往会使得孩子很难找到一个男性的榜样。男性的榜样天然意味着强健、勇气、担当，不是说母亲没有这一面，而是父亲就应该把这一面作为一个最直观的教育资源去滋养、影响孩子的成长。日本著名家庭教育专家河合隼雄谈到世界上有两种父母，一种叫有益的父母，一种叫有害的父母。父母要经常想你是有益还是有害呢，如何避免成为有害的父母。这是每个为人父母的责任，你要经常想这个问题。

他还说在很多家庭里，由于父亲缺席，母亲就要承担很多父亲的责任。母亲承担了父亲的责任以后，她的长相都会有变化。你有时候看到那些母亲长相犀利、瘦弱、脾气暴躁，往往都跟她先生的缺席有关。家务事做太多了，焦虑孩子的成长，对孩子的未来担心。慢慢就变成像爸爸一样，既要当妈妈，又要当爸爸。对一个母亲来说，既要对孩子温柔，又要对孩子严厉，这是撕裂、矛盾的，有了这种撕裂，对孩子的影响也是很不健康的。如果你家里是个女孩，特别容易像妈妈这样；如果是一个男孩，很可能特别懦弱。这是父母们需要反省的。

既然是一个家庭，就要共同地承担起家庭的责任来。家庭成功最重要的是在孩子身上。你能够把孩子培养成心智健康、发展顺利、信心满满、善于与人合作、善于快乐，这样的人就是幸福的人。人生的意义就在于求取幸福，为人父母之道就是要帮助孩子去获得属于他的幸福。

第五章

家庭教育的黄金定律

第一节　扎牢生命的根基

　　第一次听到《奶蜜盐》这个书名，你会不会觉得奇怪，会不会疑惑这几个字到底怎么写？仔细看一下"奶、蜜、盐"这三个字，你首先会想到什么呢？

　　可能在读这本书之前，你会有各种各样的联想。它的副标题"家庭教育第一定律"，什么样的定律才能叫"第一定律"？我认为，这个第一定律应该就是最根本的定律。

　　我们现在都说"家庭是孩子的第一所学校""父母是孩子的第一任老师"，把家庭和父母都提高到前所未有的高度，这当然说明了人们对家庭教育的重视。但是父母是不是孩子的第一任老师呢？家庭是不是孩子的第一所学校呢？学校办得非常好，我们可以说它像家一样；老师非常好，我们可以说他跟父母一样。但是倒过来说，家非常温馨，我们说家特别像学校一样、父母特别像老师一样，这么一听是不是觉得好像有点不太对的地方？我们把父母比成老师，强调的是教育，把教育的功能提高到了前所未有的一个高度。我们还得思考一下，教育是不是什么事都能做得到？教育是不是像人们说的是万能的？在这个命题里面，含有一种对教育的过多崇拜。孩子身上的问题，有一些并不是教育就能解决的，也不是学校能改善的。我们得思考，哪些问题需要从根源上去寻找？根源上如果出了问题，你要改进它，可能就很难了。所以我要从根源上思考孩子的问题，如果从根源上解决了这些问题，教育有可能就变得比较容易了。

　　人的成长是一个非常漫长的过程，有它核心的、内在的规律。我讲到了自己成长和孩子成长的例子。我经常对自己的身高进行调侃。我是一个"著名"的矮个子，不是一个颜值很高的人。有一次，我见到我的一个大学同学，他是我们读大学时个头最高的同学之一，我正好倒过来，是个头最矮的之一，所以我跟他说："我们家族的身高要能赶上你那个家族，可能要花四代人的努力。"他一听就笑了，说："那你的孩子现在多高？"我说："孩子还不错，经过诸多的努力，长到167厘米左右，可喜可贺。"我的同学就说："也许不需要四代，因为我自己的孩子长矮一点了，所以可能三代就能赶上。"我说："这是一种乐观的说法，但我女儿整天跟爸爸这个矮个子在一起，她对矮个子会习惯了，说不定哪天找的男朋友，又是一个矮个子呢？所有的努力不又倒回去了吗？"这是有可能的。

　　其实，一代一代人身高的增长、寿命的增长、智力的增长，都是很慢的。一个家庭从社会的底层往上走，要上升到上层家庭，可能需要十代人的努力。所以我跟同学也谈到我家那个村庄一个真实的例子。村庄从另外一个地区搬过来有600多年的历史了，这是有确切的文字记载的。到清末村庄出现了第一个进士。有时候一个人的成长、变化，包括智力、理解力、身高、健康、寿命等的提高，都是一个缓慢的过程。

　　童年成长的规律，实际上可以用这一句话来描述，叫"慢慢地快"。一个孩子生下来，要被抱上好几个月，他也不能坐、躺着不会翻身，然后才会翻身、坐、爬、站，一步一步都很缓慢，你会觉得孩子长得这么慢，让人着急。不要着急，这个慢恰恰是它的优势所在。也就是说，在很慢的、看上去无知无觉的过程里所发生的事情才是最为重要的事。

　　孩子生下来几天之后，对父母尤其是母亲就有感觉了。他会辨认出母亲的味道，接着辨认出母亲的声音，会认出母亲，这也是很缓慢的过程。但是这个缓慢很重要，如果他最早认识的不是他的母亲，他有可能就会产生迷惑。欧洲中世纪医学研究人士包括一些家庭教师发现，孩子如果交给乳母就是奶妈去养育，对孩子的危害很大，所以当时就有人倡导母乳运动。母乳运动的核心不是仅仅喂母亲的奶，而且是要让孩子生活在母亲身边。当然他们也考虑生活环境、养育孩子的责任感的问题。更重要的是，母亲跟孩子之间，有一种天然、神秘、紧密的联系，这个联系一旦隔断了，孩子的成长就会出很多很多的问题。长得很慢的东西，才能长得很深。孩子慢慢地感知了母亲，他心里才会有一个母亲，这个母亲才能慢慢地住进他的心中，一旦住进心中，就再也不会离开。如果没有住进心中，它就会形成一个空洞，这个空洞以后很难把它填满。爱的空洞会使人变得没有安全感，充满恐惧、恐慌、不满足，很难有快乐和幸福的体验。做一个好的母亲，首先这是一个专业的问题，另一方面它也是人性本能的问题。作为一个母亲，就得像一个母亲，按照生命的本能、本性，去呵护你的孩子，让他慢慢地长大，慢慢地把根扎下来，这个根扎下来他才有生命旺盛的能力。

　　世界上很多的事物，扎根的年龄都是有限制的。我家边上的公园广场，种了三棵移植的、百年的榕树。好多年过去了，那个榕树一直没有抽枝，没有蓬勃的生机，到了夏天，树上还挂满了吊瓶，要打针吃补药。我每天在这里散步，慢慢地获得了一个领悟，榕树长根的年龄才是它抽枝的年龄，也就是说它应该首先长根，很长时间里看上去榕树好像一直没长大，其实它是在长根。在福州，原来有一些人行道树是榕树，就因为看上去一直没长大，有一些管理者嫌它长得太慢了，就把它移植走了，种上一些很快就长得很茂盛的植物，但是这些很茂盛的植物往往根很浅，到了福州刮台风的时候，先刮倒的就是这些容易生根但根长得很浅的树木。榕树不一样。榕树先长根，它往下长，往四周长，盘根错节，之后就枝繁叶茂，过了十几年以后，这些树就长得非常茂盛，只要有条件，它都能独木成林。我从公园的树领悟出生命的某种奥秘：它慢慢地快，你在它长得慢的时候就要特别地用心，它根长好了才能枝繁叶茂。长得慢的才能长得好，长得慢的才能活得久。这个规律其实跟人性的规律有相似之处，孩子在童年长得很慢，你要精心地呵护。最重要的是，是由母亲来呵护。每一个孩子刚生下来生命的能力是很弱的。你看，孩子不会说话、不会走路、手没有力气、眼睛看不远、牙齿还没长出来。世界上有一些动物是一生下来就什么都会的，会走、会跑、会飞、会觅食，这些动物好像不需要母亲，母亲好像也不需要它。小蝌蚪其实用不着找妈妈的，它靠本性、靠与生俱来的能力，会游泳、会觅食，只要按照本性很快就长大了。人不行，人即便足月出生，也不能马上离开自己的母亲，尤其是在生命的初期不能离开。他离不开母亲的温暖，离不开母亲甜蜜的亲吻，离不开母亲充满爱的语言。从食物的角度来说，别人是可以代替母亲的，虽然代替母亲也会有麻烦，但这不是最核心的东西。最核心的是从母亲这里，他感受的爱是他一生的甜蜜，是一生的爱之奶，这个爱之奶喂足了，他一生都不缺了。

　　一个人为什么有这么多的问题？我们经常容易从他自身去找原因，比如，他冲动、思考不周、学业上不勤奋、不专心，所以导致各种各样的问题，但是老师、父母却很少在源头上找原因，源头上一些东西一旦烙下印记，它就会对孩子一生产生影响。尤其是"奶"，就是母爱、母亲的温暖，母亲早期对孩子的这种陪伴，就是孩子的"一生之奶"，这样的"一生之奶"喝够了，一生都不缺。如果你喝的是健康的奶，对一个孩子而言，就会有一生的营养。从天性而言，所有人都那么眷恋母亲，就跟这个"一生之奶"有很大关系。如果你缺了早期的母爱，很可能对母亲就会有各种的怨言、怨恨、敌意，这种扭曲的情感甚至会对你成人之后的思考、人际关系、自信心、表现力等各方面都造成问题。温尼科特就说，我们以前都以为人精神方面出问题，是青春期才出现的，后来他经过大量的临床研究发现，有些人在3岁之前就埋下了很大的麻烦。我们对母亲对孩子的影响的研究一直是不够的，我们经常觉得谁都可以代替母亲，抱孩子谁不会呢？疼孩子谁不会呢？轻易地就会把孩子交给奶奶，交给家里其他人，甚至使孩子对其他人的这种依恋程度超过了母亲。因为母亲不在场，他就需要有一个替代者，这个替代者有时候是外婆，有时候是奶奶。孩子如果对这个替代者的情感超过了对母亲的情感，有一些外婆或奶奶会特别高兴。有一次坐火车，坐在我对面的一个奶奶带着小孙子要去见孩子的妈妈，奶奶就问他，你今天晚上跟谁睡呢？孩子想了想，犹豫了一下，说，我要跟妈妈睡。奶奶感慨地说真是白疼了你这么久，你一见到妈妈就把奶奶给忘了。孩子对母亲的依恋和情感超过对其他人的依恋和情感，这才是健康的。

孩子对其他人的情感一旦超过对母亲的情感，一定是生活中出问题了。这种问题有两种情况：一是他没有生活在母亲身边，母亲没有意识到跟孩子生活在一起，对孩子而言多么重要；二是孩子虽然跟母亲在一起，但这个妈妈好像是一个虚假的妈妈，她不懂得爱、不愿承担责任、很少陪伴孩子，这时候孩子就一定要找一个替代者。如果找到了，对这个替代者眷恋的程度超过母亲的话，今后在他成长过程中就会遇到很多的问题。

　　一位朋友的妈妈在外地上班，工作很辛苦，断奶后就把他交给了外婆，开始他还期盼妈妈早一点回来，妈妈也会说"我过几天就回来了"。他慢慢发现妈妈从他的真实世界中消失了，他就把这份情感给了外婆，对外婆的依恋、亲密程度超过了母亲。长大之后他发现这种母爱的欠缺对他的心灵造成了严重的创伤，他对人缺乏一种信赖感，不相信世界上有好人，不相信人家对他的好是无目的的，不相信人家真的出于本心地对他好。所以他在婚恋生活中遇到很多的麻烦，一直等到他35岁之后，他才慢慢地有所醒悟，找到了问题的症结所在。

　　这一类的例子是很多的。有一位妈妈生了双胞胎，一个孩子是自己带，一个是奶奶带，后来这两个孩子成长起来以后差别非常大，差别最大的地方是孩子的自信心，而自信心是造成他们各种学习状态不同的最核心原因。一个人越有自信，他一定会对自己越有责任感，越相信自己的能力，所以在学业上遇到困难的时候，他相信自己能够战胜困难。另外一个由于缺少母爱，一遇到困难他就往后退缩。两个孩子在学业、性格、发展以及婚姻等方面差异甚大，这位母亲曾经跟我感慨说她要早一点懂得这个道理，宁愿放弃工作，也不会放弃孩子的哺育与陪伴。所以世界上的事情有时候就这么简单，但是简单里面是包含着极大的复杂性的。

　　所以，做一个母亲需要具备必要的生儿育女的常识，需要懂得从源头上去回溯一个人生命的秘密。人是很难养育的，也可以说人是世界上最难养的物种。既然这么难养，生命早期一切对人的影响就会被放大、被加倍。我自己的孩子在她很小的时候，不到1岁就多病，到1岁的时候病得很严重，邻居形容她"骨瘦如柴"，主要是她的肠胃不好。我发现，她生命早期经常生病，对她性格也会有影响，因为生病本身非常痛苦，她这么小就体验到了很多痛苦、感受到无助，吃的药又苦，生病的时候那么折腾，她的性格就容易变急躁、不温和。所以，这些复杂的关联，会让孩子长得慢，我们要从根子上帮助他长得好，尊重人性的规律、尊重自然界的规律。

所以，母亲的作用对一个孩子是多么重要。它是常识，它是生命的秘密。你违背常识、对常识一无所知，你就会有麻烦，等你明白过来，有可能已经迟了。

第二节　母亲，是孩子一生的塑造者

母亲，是一个人最重要的成长环境的塑造者。一个人的生命中，具有持久影响生命的推动力往往来自母亲。但是大部分父母都低估了自己对孩子的影响。这种低估既有经验式的，认为儿孙自有儿孙福；又觉得孩子总是自然能够成长，他长成什么样子就成什么样子，交给所谓命运。其实，那不是交给命运，是交给环境、交给社会习俗、交给他遇到的各种因素。更重要的宿命或者说更重要的命运，是在父母身上。父母给一个孩子的东西，一次性注定了你生成那个样子，往往就成为一生的命运。生成什么样子，生在什么家庭，生在什么时代，生在什么地方，都对人的一生有重大的影响。另一种影响来自父母所营造的环境，父母是否真正地用心于孩子的成长，尤其是在孩子生命的早期，父母应该倾尽全力、倾尽所有，让孩子得到良好的呵护、健康的保障，让孩子有活泼的性情，有对生活美好的想象。这一切，它构成了一个人成长最重要的基础，和我们常说的"三岁看大，七岁看老"不同。我们对这句话的理解主要是强调早期教育对人的影响，而不是强调早期的亲子关系对人的影响。如果你从此话中看到的是早期教育和生活习惯，这句话的重点就落在孩子身上。如果你看到的是早期亲子关系，重点就会落在父母的身上。在家庭里面更为重要的，是要去研究父母所要尽到的最基本的责任。它既然是人的一种天性，就要顺其自然。顺其自然也就是古已有之最基本的孕育方式，不要去违背这种方式，更不要去违背人的生命本能。其实就像动物和所有的小生命那样，它是需要被精心呵护的，缺少这种呵护就是违背天性，违背自然。

　　作为父母，这方面的意识是要补课的。我们往往比较重视教育的责任，"养不教，父之过；教不严，师之惰"，这句话的重点一听就是在教育上。在教育之前，比教育更重要的是，包括孩子孕育、哺育、生下来后的养育过程，现代医学研究发现，它更为重要。顺从并满足人生命最基本的需求，孩子就不会有麻烦。后来很多问题的源头是出在这个阶段。追溯生命的源头和原初——亲子关系带给人一生最为重要的一种影响，这也是在中国传统家庭里面普遍被忽视的母亲的意义，母亲对孩子的这种情感构成了一个人成长最重要的一种宿命，这种原初的爱往往哺育人的一生。所以，童年的幸福是人生幸福的半径，童年如果有问题，人生可能会有麻烦。我在很多讲座现场都问过听课的朋友，如果按满分100分计算，你们认为好的母亲要达到多少分？大部分的朋友都会说达到80分以上，甚至有的人认为要达到100分才算够好的母亲。温尼科特认为60分就算够好的母亲了。看上去这个分数好像很低，但这个分数是能够满足孩子最基本需求的分数。所谓"够好"，指的是你要在场，你要有情感投入，你要有最基本的生儿育女的常识。当然更重要的是，当孩子一经孕育尤其是出生之后，你要把所有的情感投射在孩子身上。

　　孩子是有生命自觉的，这种自觉有时候很好玩，虽然它并未得到科学的印证。太多人跟我说过类似的情况：比如一个妈妈耐心地陪孩子，陪到两三岁，第一次工作出差前对小宝宝说妈妈明天要出门；有的连说都没说，反正准备好明天要出门。没想到孩子当天晚上就发烧了。这一类例子我听多了，就觉得真是有点神奇，但是没有找到科学的印证。孩子越小，他越有生命非常独特的自觉，这就是本性——自我保护的一种本性。也许他觉察出外出的母亲身上某种焦虑，所产生的气味有所不同，或者其他方面的不一样，反正孩子就是有这一类的敏感。在我自己的孩子身上也曾有过类似的事情发生。一个母亲，不要低估孩子生命的自觉，这种生命的自觉会铸造他早期生命的内在结构——这个内在的结构充满了爱，他一生对母亲都有信赖，对母亲特别喜爱，特别在意母亲的各种情感的表达。你越是在爱的投入、在情感的投入，包括身体的投入方面做得不够，越会认为自己对孩子没有那么重要。爱投入得越多，你自己对爱、对责任的认同感也就会越强。温尼科特认为要做"够好的"，"够好的"就是要生命在场、情感在场、行为在场，你做到这一切，真的不难，这是基本的情感。我们经常说爱一个孩子连母鸡都能做得到，好像这个爱是一件很容易的事情。母鸡能够做得好的，并不是这件事情真的像母鸡对孩子的爱那么容易。这种行为方式是天性，你顺从这个天性，你对孩子所做的一切就容易了。

凡是爱笑的孩子，我认为至少有三个要素特别重要：一是他生下来之后有母亲的陪伴，建立了足够的安全感。二是这个孩子从小身强力壮、健康活泼。有一个朋友说他孩子生下来不到一个月就会笑了。这个会笑是指他生活在良好的母爱的环境，他具备了良好的身体状况。三是笑有时是逗出来的，你逗他笑、鼓励他笑，孩子的笑得到了你的回应，他就学会了这种互动方式。哈佛大学做过哭脸的试验，孩子对妈妈笑，妈妈也对孩子笑，突然孩子对她笑的时候，妈妈故意做出没有反应的样子，孩子马上受到惊吓哭起来了。这种哭脸的试验，它强调的是与母亲互动是孩子很早就能拥有的一种能力，这是一种生命的本能。需要母亲有做母亲的自觉才能实现。

现在很多人不会笑、不爱笑，或笑起来很勉强、笑起来像苦笑。一个孩子从小不被鼓励、不被充分地肯定、生活在很压抑逼仄的环境之中，笑就溜走了。我看一个堂叔给我6岁时拍的照片，一张很苦的脸，邻居都说我从小不爱说话。但是我妈妈对我的描述不是这样的。她说我2岁之前爱笑、爱说话、爱跟人互动、调皮甚至有点早慧。怎么后来我会变成这个样子？实际上是我2岁后妹妹出生了，妈妈就把我交给奶奶，我更多的时间是跟奶奶在一块长大的，加上父母又特别严厉，奶奶也很少关照我，慢慢地变成一个小木头人了，有了一张很苦的脸，一直到了我真正地有生命觉醒之后，好像又重新学会笑了。读中学、读大学的时候，我总觉得这个笑显得很浅薄，只有不笑，酷酷的才是最帅的。这是错觉，只有笑的人才是最美的，只有爱笑的人才是真正有吸引力的。笑为什么会从人脸上消失？笑为什么会从人的心里面缺位？要去追溯一个人生命的源头。可能是一开始奶吃得不够、得到的爱不够，所以他们要笑起来太难了。

我到某地去讲课，当地的一名教育局长特别爱听我的课，每次听课他都坐在第一排，遗憾的是在听课过程中他始终是一张苦脸。我第一次看到这种情形，于是讲课结束之后，我问他是不是我课讲得很糟糕，让他一直这么苦着脸？他说不是，他听得很入迷。我说："你听得很入迷，怎么脸上没有表情？该鼓掌的时候都不鼓掌呢？"他说他从小就是这样，可能是童年过得太苦了，现在有时候自己也想笑但就是笑不出来，有时候笑出来也难看，跟哭似的。一件事情可能是容易做到的，但是要看什么时候开始做，如果是从小开始做就很容易，大了做有时候就难了。对父母来说，越早意识到自己对孩子的责任，就越早体现出自己对孩子的积极的、正面的、明朗的影响，对孩子的性情、自信力、克服困难的勇气的影响，你就是在改写孩子的第二个命运。

不要担心给孩子太多童年之爱。有时候我们过于克制了，总想要保持亲子之间的某种敬畏感、权威感，太把自己当一回事了，觉得保持这种父母的权威感，就能够让孩子言听计从，就能让孩子少犯错误。真的是这样吗？孩子有很多心事，遇到很多难题，他愿意跟你分享吗？我们真的要问一问，世界上到底有没有溺爱？所谓溺爱，是不是爱太多了就叫溺爱？我的看法是，爱太多了不叫溺爱，没有原则的爱才叫溺爱。爱是要有基本原则的，没有原则的爱就会变成一种扭曲。爱的过程中，你不是真心地去帮助孩子成长，而是用爱的方式去控制孩子，这种爱就是"毒奶"。

生活中很多母亲因为孩子生得少，所以她们对孩子依恋的情感过于强烈，无处不在，爱就会变成一种负担。作为父母，伴随孩子成长的同时，我们对孩子的爱也需要分级。温尼科特认为：0~6个月，孩子对母亲是完全依赖关系，这时母亲要满足孩子所有的需求，这种情感的充溢感会使得孩子的生命有一种被爱充满的幸福；7~18个月，孩子还是按照生命的本能所引领，作为一个母亲，应该充分地满足孩子所有的需求，一直到18个月之后，他才逐渐地趋向于独立，也就是进入了儿童阶段了。卢梭认为，当孩子真正会说话了，跟人交流了，提出自己最简单的问题跟你一起讨论，这个时候孩子就开始成为一个儿童了，我们要耐心地去引领他。这个时候的爱要有一定的边界。

　　孩子哭的时候，母亲要迅速做出一种回应，这种迅速的回应会使亲子之间建立信赖感，而这种信赖感本身就是生命最好的一种互动。孩子满足了，他就不会有更多的欲求。反而是他生命中某些缺失的东西，可能一生都会让他有更为强烈的欲求。就像一个人被母亲抱得不够，他身体一直会有饥饿感；得到家庭的温暖不够，他终生都有一种不安全感；他得到来自父母的鼓励不够，他面对与他人的情感、跟他人的关系时就特别容易紧张。从无条件满足再到不同阶段的原则性，要有不同的引导方向。

　　爱既是最好的营养品，同时也是需要有一定的边界意识的。父母爱孩子，要帮助孩子更好地成长，就要及时断奶，及时地纠正自己，避免把爱作为一种控制力量、一种贪念，因为这样的爱的贪念会变成一个孩子成长里可怕的麻烦。

第三节　生命成长是慢慢地快

人的身体上什么东西是咸的？人流的汗是咸的，流的眼泪是咸的，流的血也是咸的，人身上本来就蕴含着很多的盐。这些是生命自然的反应方式，它都跟生命的内在性关联在一起。

人一生都要吃盐，我们经常说"我吃过的盐比你吃过的米饭还要多"，这句话主要是强调他经历的丰富性。人如果不吃盐，会影响身体发育，如果盐吃得太多了也会有问题。这也是一种生命的平衡。

有一些孩子，我们以为他是天才，以为他学业上的成功就能够代表所有的成功，只要学业成功了就会有无限光明的未来，结果这些孩子在具体的生活中完全没有必要的劳动跟责任的担当，包括对劳动人民这种为他服务的人，都缺少应有的尊重、应有的理解。所以我说过一句话："你的孩子可能不是天才，你却把他养成了浑身都是天才病。"这是今天我们很多家庭要面对的问题。对任何一个人而言，培养他自食其力的能力、素养，是头等大事。我们常说"富不过三代"，这不仅指财富传承的问题，还指精神传承以及教养、责任感的传承。如果这个工作不做好，财富怎么可能一直传承下去？在一个孩子的成长过程中，责任感的教育要从小开始培养。美国有一位总统，他的孩子五岁就开始要把自己的一些物品拿去销售，或者是帮人家卖什么东西，这样让孩子从小有一个劳动的意识，知道所有的钱都来之不易，要倍加珍惜。父母要做示范。我们的社会三代同堂已经成为主要的家庭结构，在这样的三代同堂的结构里，爷爷奶奶或者外公外婆确实能够承担不少的工作，包括孩子的教育、养育方面。但是有些父母正是因为有老人的协助，自己就变成了懒汉，每天回家，有空就坐在那里玩手机、看电视、闲扯，完全没有一个父母应该有的那种生命的样子。生命的样子，是指责任感、行为能力包括基本的价值观以及跟孩子相处的时候以身作则的这种意识，他们都没有。一旦孩子出问题的时候，你能说责任都是因为爷爷奶奶或者外公外婆的吗？为什么同样是三代同堂，有的家庭会带得那么好？我觉得核心是在父母身上，父母没有尽责，没有精心培养一个有着更好素养的第三代，那是会出事情的。

我亲戚的一个孩子从小是爷爷带的，爷爷对孩子宠爱有加，父母完全放任不管。这个孩子读小学的时候，有一次告诉我们说"爷爷死了以后钱都是我的"，我听了大吃一惊。后来我就问这个亲戚这孩子怎么会有这个想法。"孩子这样想不要紧，因为孩子很天真"，爷爷觉得孩子这是笑谈。我看着这孩子长大，觉得他一定会有问题，事实上也真的有了问题。他长大了你要想再纠正他是很困难的，所以对孩子的教育是从小要抓紧、从小要严格、从小要有意识，只有从起始处就抓得好，孩子面对复杂的世界时，他们才真正更有毅力、更有勇气、更能够体会到用自己的双手去创造自己的生活是一件幸福的事情。他们自然会鄙夷那些不劳而获、贪得无厌的人。人的道德修养，第一课应该由父母来上。父母没上好，你能怪谁呢？老师对孩子最核心的影响是在知识的传承、学习兴趣的培养以及对孩子的价值引领，更核心的生活习惯的养成、品行教养方面的形成，最重要的还是在家庭。家庭出了差错，即使是再好的学校，要管教你的孩子、改善你的孩子都是无比艰难的。今天这类的问题太多了。我们要思考，从家庭的改善开始，学会怎么做父母。

我特别强调孩子要有顽强的生命力，在面对世界上各种困难、面对生活中无数的挑战甚至包括各种各样的挫折的时候，他的内心仍然保持强烈的生存的渴望，能有"生命第一"的意识，有一种活命哲学。无论什么时候遇到什么事情，都想着首先要活着，这叫"活命哲学"，这也应该成为家庭培养孩子最重要的底线，家庭的努力能帮助孩子成长中抵抗各种各样的风险。现在很多人都觉得今天的孩子很脆弱，从这个角度来说，我要通过家庭不断地向孩子灌输生命第一的观念，这些道理反复讲是有意义的。有人说一个人是否能够成长得好，就看在餐桌上父母跟他谈什么。餐桌上进行的家庭教育会潜滋暗长，不断润泽孩子的生命，餐桌上应该有一种"生命第一"的文化。不过，我强调的是父母要跟孩子少讲道理，多讲故事，多分享一些自己成长的体验跟感受，不要老是讲大而空泛的道理，简单粗暴灌输的方式，会适得其反的。多讲故事，倾听孩子的声音，最重要的是把"生命第一"这个意识变成孩子的意识、素养、行为的准则。孩子就会生机勃勃、生趣盎然，充满生命的活力。

再次强调我心目中好孩子的形象是：皮肤黝黑、牙齿洁白、眼睛明亮、浑身有劲。"皮肤黝黑"就是要运动，要把运动的意识、素养，在我们自己孩子身上最为充分地体现出来。那么爸爸妈妈要怎么做呢？周末应该是上体育课，而不是到处补课，到处补课未必会有光明的未来。有了强健的身体，无论孩子从事什么职业，他都有更强的承担能力、更好的心理状态。我们的体育现在如果只是列入考试项目，而不是成为孩子跟父母共同的游戏，又怎么能提高民族的整体身体素养呢？孩子的成长过程中，要让他们到竞技场、操场、田野去参加大型的、群体性的、竞争性的运动项目。因为在这样的运动项目里面，几乎可以说你所应该学习的东西，尽在其中，包括规则意识、责任意识、团队意识、荣誉意识，都能够在这些体育项目里面体现出来。孩子的课余时间、寒暑假最应花在运动场上。

另外孩子要有充足的睡眠，因为充足的睡眠是他一切成长的保障。我经过大量的调查得到一些具体的数据。孩子从小学开始就不能保障8~10小时的睡眠，到了初中睡眠更加不足，到了高中会溃不成军。我女儿读小学的时候，我就跟她不断地强调这一点，一有时间就要多睡一会儿，尽可能吃得更好些。到了初中，孩子告诉我，初一的时候趴在桌子上不容易睡着，初二多趴一会儿就睡着了，到初三一趴下去就睡着了，怎么办？有时候课业负担确实很重，但你也要有一个意识，始终把孩子的健康放在第一位。我经常建议朋友，到了周末和节假日，能给孩子补觉的要尽可能给他补觉，虽然不能完全补到位，但是补总比没补好。我们一定要意识到人的睡眠其实是由生理所决定的，几岁的时候该睡多长时间，不要轻易去改变、剥夺。这种剥夺是要在将来偿还的，有些孩子睡眠不足导致肥胖，有些孩子严重睡眠不足，导致记忆力衰退、未老先衰，甚至机体、心脑血管都有疾病，还有小学生猝死。前不久有几个幼儿园园长跟我说，有一些幼儿园的孩子有抑郁倾向，让我很震惊，抑郁倾向当然跟家庭的温暖有关系，但也跟孩子不健康的生活、缺少运动、缺少交往有很大的关系，睡眠不足确实容易导致情绪恶化，包括抑郁心理的产生。

从孩子的生命成长而言，我们不要把过多的注意力都放在孩子18岁之前，不要太在意孩子的考试成绩、太在乎孩子跟别人竞争的时候如何胜出。这么小胜出有多大意义？这么小成绩考得非常好甚至考进了很好的学校，也不见得就是他一生的成功，真正的竞争可能是他们25岁之后才开始的。什么才算真正的成功？一个天才非常成功，他活到35岁；另一个普通的人，健康快乐活到90岁，你说谁更成功？你是不是也跟孩子强调过长命计划，你是不是祝福孩子能够活得长久、活得健康、活得快乐呢？父母在规划孩子一生在跟孩子分享自己人生愿景的时候，要把健康而长寿作为最高的追求。

一个孩子首先要有血性就是生命的激情，有担当、有社会的责任感、正义感。一个人一旦有使命感，那么使命感也会成全你。有时候人需要有点狼性，就是要有狠劲，有一种不惧绝望、勇于抗争的秉性。今天的社会一方面强调合作，另一方面各种各样的竞争是真实存在的。孩子能不能更有竞争力、有竞争意识，或者总是打不垮、不轻易地屈服、怀抱着梦想与希望，这就是狼性。当然也得有自我治疗能力，对自己不过于苛刻，不强调一定要胜过别人，更重要的是懂得享受自己人生的乐趣，懂得这种享受本身就是一种价值。和狼性相对的就是牛性，是任劳任怨、百折不挠，虽然看上去有可能笨拙，但是有一股牛劲、有耐心、有持之以恒的意识。

父母要想明白到底想让孩子成为什么样的人。你引领的方向很可能就是孩子未来能够最终实现的一个目标。每个家庭的境遇各不相同，只要我们做父母的坚信所付出的努力一定会有回报，我们在孩子身上所下的功夫，终究会结出善果。

我曾经在福州市做过一个问卷调查，针对的是外来的人口即迁徙到这个城市从事着技术含量比较低的工作、生活艰辛的人群。我在调查问卷里面问他们人生最大的目标是什么，他们几乎都说人生最大的目标，是希望孩子能够更有出息。我问的第二个问题是，孩子跟你一起生活在这个城市有各种各样的困难，你有没有想到过把孩子送回老家？几乎所有人都说，一定要把孩子带在身边，再艰难都要带着孩子，孩子不在身边，家不能叫家。我看到这些爸爸妈妈有的用铅笔、有的用水很少的笔，歪歪扭扭写下这些字，我真的非常感动。他们自己没有受过多好的教育，养育孩子的过程会更艰辛。只要把孩子带在身边，就是跟孩子共同营造一个梦想。我到学校讲课的时候都会建议家长把自己的艰辛跟孩子分享，告诉孩子每天的生活，即使这么艰辛，爸爸妈妈和我们的家庭也怀有梦想，诚实、热爱劳动、靠自己的双手去改变生活。这一切都会成为孩子的"盐"。无论你出身如何、来自何方、家境状况怎样，你有了这个意识，当遇到各种艰难的时刻，不气馁、不沮丧、不崩溃，因为你还有孩子，梦想就在继续，就没有迈不过的坎。你是给孩子做一个榜样，你的这种坚强就会成为孩子的信念。

第四节　呵护生命，再谈其他

"奶""蜜""盐"也无须分得那么清楚，因为这个爱是融在一起的。母爱、父爱与家庭的温暖不可或缺。生命早期，孩子不能用语言表达，即使特别需要什么也很少能直接体现出来，这个时候所缺失的东西容易成为一生之缺。

有些人不愿意跟人交流，性格特别内向，除了有天生的原因之外，更重要的是跟家庭生活有关，很可能他没有生活在父母身边，没有安全感、很少得到鼓励，他的需求没有及时地得以满足，这个孩子在今后的生活中就会一直往后退。

图画书《我的爸爸叫焦尼》讲的是一个孩子跟着单亲的妈妈，特别想念他的爸爸，因为爸爸不在身边，这个孩子受到了歧视，人也胆小。这一天爸爸终于来看他了，爸爸带着他，让他坐在肩膀上走街串巷，他很高兴地跟所有人说："这是我的爸爸，我的爸爸叫焦尼。"虽然是很简单的一个故事，我读后很动容，因为我们生活中有很多孩子就是不能生活在父母身边，即使生活在父母身边，父母给的爱也是不够的。所以，在我们的生命里面，良好的亲子关系会成为我们一生中各种关系的原型。如果父母跟你关系很纠结，会影响到你跟他人的关系，甚至会让你每天都思考跟父母要怎么相处。

我有个朋友从事经济工作，很成功，五十几岁了一直未婚，我们有时候聊起来，他说他妈妈好像就看不得他快乐，他父母因为关系不好早早就离婚了，所以他妈妈对男人总是充满了怨恨、怀疑，从小就不断地跟他灌输"男人是靠不住的，你长大了以后也是靠不住的"这一类的观点。由于从小缺少妈妈对他的爱，缺少妈妈对他犯错误时的包容，他跟女性交往时慢慢地就变得特别紧张，会特别在意他妈妈是不是认可这种关系。但是他妈妈真的不认可。他跟我说的最沉重的话就是，大概母亲看不到他好、见不得他幸福。这样的母亲，她自己还不知道，不仅自己的生活毁了，还会毁了孩子的生活。亲子关系不是简简单单地说一些策略跟方法就行了，而是要重新去理解生命的各种需求，理解生命的复杂性。理解生命的某些需求是强烈而持久的，一生所缺就会成为一生所憾。

"生物疤痕"指的是什么？一个人童年时受到的伤害，表面上看来是治愈了，只要一碰那里就会出问题，比如会激怒、容易失控，生命中哪里容易受到伤害？一定是你受过伤害的地方，你对它会特别敏感、特别在意。

我一个朋友跟弟弟关系特别不好，甚至有点冷漠，交往很少，她一直在反省到底问题出在哪儿。开始的时候她总是想，我哪个地方对弟弟不够好？是不是因为这些年忙碌，对弟弟关心太少了？但是接着她又想，为什么我再忙，对有一些人还是会去关心，就是对弟弟没办法去关心？为什么想到要去关心弟弟的时候，我总是表达不出来？她反省后发现源头是在父母那边。有时候父母的爱是不太平衡的，独生子女可能你会担心受溺爱，多子女的家庭却会不平衡，有的子女得到的爱太多、有的子女得到的爱太少，父母会分别对待。这个朋友的妈妈很奇怪，她这是重女轻男，在她眼里女儿聪明、干净、伶俐，所有的优点都集于她一身，好像有女儿就够了，生出来的儿子是多余的，百般嫌弃，嫌他脏、嫌他傻，出门回来还要检查一下身上有没有脏东西带回来，总是在言语、态度、表情里面都带着嫌弃。这样的嫌弃一定会影响到姐姐对弟弟的情感，姐姐也觉得弟弟好像真的很渣，按照今天的说法就是很"渣"，又脏又皮，什么缺点都有。因此，姐姐跟弟弟之间从小就缺少这种自然的、甜蜜的亲情与相互的依赖，弟弟慢慢地对姐姐也就形成了隔膜。弟弟心地还是质朴善良的，但是再善良的人都经不起反复打击。最后他们两个人的成长，几乎就像母亲所期待或者预言的那样，姐姐越长越好、越来越聪明，有时候她自己都觉得有点聪明过头了，过于伶俐，伶俐的原因就是想得到父母更多的爱，你越机巧，得到父母的爱就越多。而弟弟不断地被批评之后，变得越来越傻、越来越呆，学业、情感、跟人的交往能力，以及跟父母相处的状况都一塌糊涂，甚至到了初中还要被绑起来打。他怎么能够长得好？姐弟之间怎么能够建立起这种血浓于水的、自然的血缘亲情？即使姐姐今天意识到了想要去补救，都很难补救了。

在我的老家，我们家里养了鸡和鸭，有时候它们跑出来乱吵、乱闹，我妈会生气。她告诉我，鸡是可以骂的，鸡骂完以后没什么问题，鸭子不能骂，鸭子骂完以后，它就跑到池塘再也不上来了，你怎么呼唤它都不上来，它宁愿不吃东西也不上来。我妈说真没想到鸭子是有脾气的，要去好好地哄它才能把它哄上来。人是有脾气的、有记忆的，人是很容易受到伤害的，如果你哪里做错了，就会在那儿留下很深的疤痕，有的疤痕会成为一生之痛，成为一生最大的挫折。很多父母轻而易举、不知不觉地就犯错，甚至还会不断地重复犯这样的错误。一个人看起来萎靡、没有志向，看上去在关键时刻总是退缩，这里面核心的原因往往都跟他成长的经历有关。

所谓"蜜"就是对生命的接纳。得到父母接纳的人，即使生活在比较贫困的家庭，他的身上都洋溢着甜蜜、洋溢着欢乐。为什么有一些贫困家庭的孩子走出来那么阳光？这不是贫困的功劳，这是爱的功劳，是父母怜爱、呵护的功劳。父母不断地鼓舞，把他视为掌上明珠，"你所做的一切我都支持""你所取得的任何微小的成功，我都赞美，都觉得陶醉"。这不就成为一生之蜜吗？谁不在意父母的这种肯定与鼓励？记得我小时候去钓鱼，我爸基本上不理我。有一天钓鱼的时候，他帮我炒了鱼饵，用米糠、酒糟炒的，很香、吸引鱼。那天我就希望钓得更多一点。很遗憾，我平时钓两条，那天还是钓两条，一点都没增加，我觉得有点对不起父亲的辛劳。后来有一次，我突然钓了一条鳗鱼，把我激动坏了，我赶快拿回家叫奶奶炖给他吃。这是我跟我父亲之间为数不多的、甜蜜的情感交往。你生活中有没有跟父亲、母亲有类似的甜蜜的共同生活？如果有，那是一生的记忆；如果没有，你就能理解为什么我们有时候感觉生活得那么沉重。生活得沉重最重要的是缺乏爱跟鼓励，人身上所谓"生物疤痕"往往就会成为生命的短板。

我曾说自己性格内向，并非我天生如此。在我的小学、初中阶段，基本上听不到父母的表扬。小时候我是一个比较懒的人，学业不突出，也没有进取心，自己都觉得有些好吃懒做，完不成父母布置的那些家务活，做事的时候偷工减料。自我的评价也是消极的，所以挨打不断，状况不停，很沮丧。走出这种沮丧相当不容易，不要以为你后来高考考得好、读了好的大学、工作上有成就了，这一切就烟消云散。不是这样的，那阴影会一直在那里。我现在想到自己童年的时候，还会有一些负面的评价。我在童年很早就参与了家务劳动，承担了不少的责任，很多农活我都会干，为什么我对自己的评价那么负面？从来没受过父母表扬，又能从哪里得到印证呢？父母的表扬就是最好的印证。因为没得到过表扬，所以情感上是无法做到自我肯定的

我一个朋友是教育研究者，她说除了天生的原因之外，情感的因素对孩子的发展也起到重要作用。比如，身高不够，父母不断地去鼓舞他，鼓舞他运动、鼓舞他饮食、鼓舞他保持良好的睡眠，这种情感的因素能对孩子的身体发展起到很大的促进作用。我曾经见过她的孩子，我的朋友一米五多，她丈夫一米六十多，他们的孩子长到一米八十多。她老家那个地方很多人个子都很矮，她的孩子长得特别高，她就特别有成就感。她认为家庭这种持续不断的鼓舞，真正地改变了孩子的相貌、身高，改变了他的精神状态，甚至包括他的交往能力。

有很多人向我咨询说孩子不喜欢跟人交谈，不喜欢跟别人玩玩具。孩子两岁多的时候，有很强的占有欲，觉得什么东西都是他的，其实这时候他也分辨不清楚哪个是他的，哪个是别人的。有的孩子就慷慨，什么东西都可以送人，有的孩子就小气，什么东西都占为己有，这可能是天性。但是如果孩子五六岁上幼儿园了，还不愿意跟人分享，那就有另外的问题了，这不是说你教育得不对，是你鼓励他少、赞扬他少。你可以通过赞扬鼓舞的方式，对他的行为给予肯定，有时候也是帮助他做一种调整。如果你没这样做，孩子确实会出现情况。越是不被鼓励的孩子，越吝啬对他人的鼓励与肯定，长大后也更容易用一种阴暗的心理去对待别人的成功，甚至喜欢别人失败，事事都要自己比别人强。

我一位亲戚因为孩子从小没有在她身边，寄养在保姆家，所以她对孩子鼓励也很少。孩子上小学了，班上有一个干净、漂亮，衣服穿得也好看的女生，他心里羡慕、爱慕她，可是他不知道怎么表达，就选择了最糟糕的方式，经常把鼻涕擦在女孩子身上，弄得那个女孩子很崩溃，老师也很崩溃。这个亲戚问我怎么办，这孩子怎么这么变态？我说他这不是变态，而是缺爱、缺鼓励、缺父母细心的引导，爱的表达就出差错了，所以父母现在最重要的是要及时补救，考虑怎么改善孩子的心理状况。

我把亲子关系里接纳、尊重等情感称为"生命之蜜"。说实在的，我在写作的时候有一种对自己的反省，对自己原来生活的反省，对父母在自己身上那些言行、情感等因素的反省。我也反省我的孩子成长过程中，我哪些做得好，哪些地方可能需要改善。虽然自己的童年成长得不好，但是我希望我孩子的童年成长得好。我有很强的意识要终结我成长中的消极印记。所以在孩子成长过程中，有很多甜蜜的事情成为我们一生的记忆。比如，孩子总是愿意跟我分享她的事情，她不会觉得有什么事不能跟我分享。我也觉得孩子对待我特别真诚，从不说假话，当然肯定有一些事情她不愿意跟我说，这很正常。凡是她跟我说的事情都是真实的。你付出，就有产出。如果一个人长得很阳光，你就可以确定，这个孩子童年一定过得特别地好。一个人心理总是很扭曲，甚至表情也扭曲，一定有他的原因。

一个作家跟我在谈到生命成长时，他说走在国外大街上，你多看几眼对面走来的一个美女，她会冲着你微笑，因为你那种健康的、友善的注视本身就是赞美。文化有差异，一个人生活在赞赏文化里面，他得到的赞赏，会让他觉得是一件非常美好的事；一个人在一个冷漠、歧视的文化环境中成长起来，他对爱的感受力、对美好的鼓励和肯定有时候会扭曲。这个时代，我们要重建家庭伦理，以孩子的成长为中心，跟孩子生活在一起，让孩子有更温暖的生长环境。孩子的选择、个人爱好，都不要轻易否定他。父母们向我问问题，孩子有什么麻烦、有什么缺点、有什么错误，该怎么办？很少有人跟我分享孩子多么阳光、多么快乐，有哪些优点，老师你觉得这些优点有没有价值？这种分享特别地少。跟很多的父母在一块聊天的时候，都可以听到父母对孩子的未来，有的是鄙夷，有的完全看不上。有一次我跟一个父亲聊天，当时孩子也在场，孩子已经读到三年级了，特别喜欢汽车，家里当然也收集了不少的车模。孩子表示自己的志向就是以后工作能跟汽车有关系。结果爸爸说了一句，你看什么书都读不好，却这么喜欢汽车，以后最多做一个汽车修理工。我说你不要看不起汽车修理工，你要看一看他以后修什么车，如果修的是法拉利赛车，他就是世界上最顶尖的汽车工程师。一个朋友说到他的一个学生，有特殊的检测汽车轮胎的能力，他用耳朵就能听出轮胎有没有漏气。车行老板对这个孩子抱以极高的期许，说你快点长大，我相信以后你会成为一个奇才。但是他父亲对孩子完全没有这种信念，觉得你什么都不行，看不出什么优点，很偶然到车行去做服务生时，才发现他的这个才能。

人有一些长处、有一些独特的才能是多么美好的事！要是这样的才能同时能够被父母所接纳，让父母觉得是最大的骄傲，这个才能就成为他的专长，成为他的事业，成为他一生最伟大的梦想。孩子的梦想都在父母的手上，父母如果能够给予更多的蜜，为孩子灌注更多的蜜，这个梦想可能就会成为人类共同的财富。

第六章

最好的生命成长，都是慢的

第一节　立竿见影的教育是危险的

一位老师写了一篇与《教育是慢的艺术》这本书相遇过程的文章，他说学校给所有老师发了这本书，他连看都没看就把它放在办公桌上作鼠标垫，后来到了要搬办公桌的时候把这本书打开随便翻一翻，没想到就被它吸引住了。书的各种命运真是奇怪。

我在2002年提出"教育是慢的艺术"。2002年我正式开始生命化教育在乡村的课题研究之路，当然生命化教育也是从乡村到城市的不断推扩的过程。那年夏天，我跟研究小组的12名成员，在福建省仙游郊尾镇一位朋友家里，两个晚上在龙眼树下促膝谈心。你可以听到各种知了的叫声，可以听到潺潺的流水的声音，在夜晚你会觉得四周的景致特别地美好。正是在这样美好的景致里，我提出了"教育是慢的艺术"这一命题。

"教育是慢的艺术"，它的核心强调的就是对生命本身的成全，它是一个非常漫长甚至艰难的一个过程。在教育里不能追求急功近利，不能追求立竿见影。我认为："在教育中凡是立竿见影的东西往往是反教育的。"因为它粗暴、简单、马上见效，是反教育的，真正的成全、滋养是一个非常缓慢、持续的过程。

有人认为在急功近利、追求效率的一个时代，"教育是慢的艺术"如何可能？一方面教育是有计划的，你慢不得；另一方面教育要追求效益，你慢了，效益就自然低下。当然这个"计划论""效益论"与我谈的"教育的生命的本体论"是有差别的。我谈的首先是人的成长规律。从生命成长而言，生命的孕育，怀胎十月，孕育过程就是漫长的。人出生之后，除了吃奶、排泄、哭泣、睡眠，他不会别的。而从胚胎成长为一个人，十个月你说它长它又是短暂的；说它短暂，又凝聚了人类几万年的生长历史。这有点神秘，但又有风险，因为在孕育过程中不能出差错，一旦出了差错就非常难以修复，可能这个生命会有麻烦。

生命成长的早期，个体也在耐心地按照本能去学习，这个过程比较慢。孩子什么时候说话并不是教育的结果，而是他自然生发的，教育只能影响他不能决定他。家庭的氛围对他是有影响的，但这个氛围也不是决定性的。决定性的一点是生命的秘密，就是这个生命他身上具有人类的普遍性。人类成长的规律在所有的生命里面都体现出来。另一方面他又是有个体性的。可能有些孩子说话会比较早一点，我的孩子7个月会叫爸爸。我一个朋友的孩子6个月就会叫爸爸了，而且是比较自觉地叫。大部分的孩子1岁半会叫，甚至2岁会叫，这都很正常，这就是生命的规律。你不能强迫他去叫，从来不会有人能够实现一个这么小的任务。生命的成长它总是很慢的，而功夫就在这个"慢"里面，在这个"慢"里面你更要表现出一种耐心，因为慢是它的规律，慢是它的本性，慢里面有最好的生长。这个慢是他按照自己的节律成长，他不焦虑、不被逼迫、不被催促就会成长得更好。大家都知道吃母亲的奶水是最好的，如果母亲有充足的奶水，孩子吃两年，对孩子的成长而言，是一个非常美妙的事情。但是你有时候会觉得吃奶本身也很慢，可能从营养来说会很均衡，有人就会认为替代品会不会更好呢？从人类成长发生学来说这里面是有误区的。生命成长的秘密就是不能操之过急，不能拔苗助长，不能从小就打乱了孩子内在生长的一种节奏。

有一位中学数学老师，他的孩子读幼儿园小班时他就开始教他数数，教他加减。作为父母来说，如果孩子一教就会，你会有一种成就感。你过一天问他他又忘记了，你会觉得教育怎么这么没效果？或者是这个孩子怎么这么笨，明明昨天教的时候学会了，怎么今天又不会呢？这个老师很焦虑。我跟他说你不能急，有些孩子你现在费尽心机教出的结果非常小，如果他醒悟的节点到了，就会迎刃而解，无师自通。这就是生命内在的秘密。人都遵循着人类共同的时间表，这个时间一到，瓜熟蒂落，孩子就出生了，这是规律。同时每个个体又有一些差异，你遵循这样生命的秘密，因为遵从就不会犯错误。不要老想着走新路，而是要尊重老路的价值，按古法来养育孩子，这个古法里面就包含了常识。

在孩子的成长过程中，无论是学习、能力，还是孩子身体的某些具体器官，其成长都是非常缓慢的，这种缓慢对人类来说是非常重要的一种提醒。比如孩子睡得越多，对他的大脑首先是一种养育跟促进，睡眠少的孩子，可能就会有各种各样的疾病滋生。孩子喝足、睡够、大小便通畅、整个身体包括大脑的发育正常，孩子更能处于一种好的生命的状态。对身体规律的遵从，对孩子成长而言是第一位的要素。"教育是慢的艺术"，这个"教育"实际上是一种泛指，它包含了养育、文化的生成、个体细微能力的生长，它都是慢的。这个"慢"具有一种普遍性，长得慢才能长得好，长得慢才能活得久，长得慢才能成大器。所以"教育是慢的艺术"，它本身是一个建设性的观点，是对未来世界的一种信赖，是对生命本身最好的祝福。钱理群先生曾说："张文质的，'教育是慢的艺术'这是很好的命题。

其实不仅是教育如此，一个社会的发展，它可能也需要慢，它的秘密可能也在慢里面。"遵循生命规律本身可能就是慢的最高艺术，慢的艺术又表现为一种信念和耐心，也就是每一个个体成长有差异，比如有的人速度会快一点，有的人速度会慢一些。但即使速度快，相对成年人而言孩子的速度还是慢的，更多的孩子可能会更慢一些。

　　经常会有人咨询，孩子做事情怎么这么慢。我经常会问孩子的父母，你们俩谁做事会更慢一些？向我咨询的爸爸或者妈妈就会笑起来，有的是爸爸慢，有的是妈妈慢，有的是两个人都慢，还有人说他的外公或者他爷爷很慢。总之，慢跟家族遗传有关系。遗传包含两个方面：一个是先天的遗传，有的是直接遗传，有的是隔代遗传；另一个是文化遗传。一个人要经历两个子宫，即母亲的子宫和家庭文化的子宫，这个家庭文化的子宫就是家庭的文化遗传。有时候孩子做事情慢并不是直接的遗传，而是这个家就是一个慢吞吞的家，那你还对孩子那么着急干什么呢？我认识一个小学老师做事情特别慢，我问她怎么会这么慢。她说她从小是跟爷爷生活在一起的，和爷爷一边吃饭一边看电视，吃着吃着两个人都在餐桌上睡着了，等他们醒过来又接着吃，又接着看电视。她就是在爷爷这种不好的习惯下熏陶成这么慢的。她说读小学的时候妈妈会着急，后来她的节奏会快一些，因为有很多事情要等着她做。

　　孩子的承受能力、接受能力不是靠你催出来的，而是靠他生命自身的成长实现的。一个人的理解力本身是累积的过程。大部分孩子也就是普通孩子像写作文一样，先从句子写起，再到段落，然后慢慢地扩大他写作的字数、篇幅、内容等。在国外有很多写作，不是书面写作，而是口述写作，口述就比书面难度要低，让孩子说，你给他记下来，说不定他能够说得很好，要比自己写作文生动有趣多了。你看从口述体到书面体，这个发展过程，它本身也是慢的。从孩子的语言能力这个角度来看，这就是生命的一种自然的、普遍的状态。从孩子自身成长而言，我们作为父母或老师，要理解他的特性，思考他从哪里来，他为什么会这样。你不能用标准的速度要求所有的人，尤其是在孩子成长的早期，他们的领悟力和生长状态，都有很强的个体性。

我女儿小时候经常生病，我们在福州市到处寻访名医，每次我都会问医生，有什么办法？几乎所有的中医都跟我说不要着急，孩子两岁半以后慢慢地就会好了。果然是这样，两岁半以后她身体逐渐地变得健壮了、有活力了。我也特别注重孩子的锻炼，每天傍晚都会带她到楼下奔跑，出汗多、吃得多，身体也增强了。通过运动、合理食物去缓慢地改善，这种改善是使她身体的能力自然而然地提升，打下精神和身体的底色，都要慢的。有一年我到英国去看女儿，她住宿的地方前面有一座房子，我们去的时候那个房子就在搭脚手架，等我们待了一个月要离开的时候，脚手架还没搭完，我就问女儿英国人做事情怎么这么慢。她说这就是英国的文化，它可能搭得很慢，修得很慢，但是一旦修好之后，也可能50年都不用再修了。所以慢也可能就是快，慢里面就有特别重要的安全、细致、精致，甚至效益就从中产生了。

工匠精神跟"慢"有关。人们容易陷入狂躁，容易被效率、金钱、财富、各种名利所驱策，耐心就变得很难，坚持也非常不容易，故此慢是有治愈作用的。

第二节　从此孩子关闭了沟通之门

人的成长是核心的话题，我认为父母首先要把自己的孩子教育好。把自己的孩子教育好，这是所有父母的第一责任。父母思考的核心就是怎么让孩子成为一个更好的人。教师更应如此。

教师这个职业就是教书育人，他是这一方面的专业人士，自然就有专业的优势。教师受过师范教育，有教师资格，每天做的是教书育人的工作，可以说是"近水楼台先得月"，教育孩子就是我们的分内之事。如果没有把自己的孩子教育好，怎么证明你是一个好老师呢？有人说，我把所有的关注都献给了别人家的孩子。你该如何面对自己的孩子？你的孩子也是孩子，更是你自己的孩子，首先要从教育自己的孩子这件事情上做好，这是天下父母共同的第一责任。

有一句话我说了二十多年了，每次后教师讲课都会说。这句话是：教师要把自己的孩子作为一生中最重要的一名学生加以培养，你的孩子是你的第一个学生，也是最重要的一个学生。这句话也是我对天下所有的父母说的，你应该把你的孩子当成一生中最重要的一个学生来培养。"一日为师，终生为师，一日为父，终生为父"，这是责任，并不是什么师道尊严。作为教师，你对孩子的影响绵延不绝；作为父母，你对自己孩子的影响更是比天还大，甚至是悠悠万事中最为巨大的一种影响力。这个意识很重要，是一种生命的觉悟。无论你思考问题、安排工作，包括有时候工作跟教育孩子产生矛盾冲突的时候，你都要安排好孩子的学习和生活。

我反复强调：重建家庭伦理，以培养孩子为家庭文化的中心。重建家庭伦理就是一家人要生活在一起；父母把孩子的教育作为自己的第一责任；父母要跟学校合作，共同为孩子的发展贡献力量和智慧。教师这个职业是有规律的，因为大部分教师能跟孩子生活在一起，可以细致地安排孩子的生活起居，这就是教师职业的优势，比如有些小学教师，更有意识地抓住孩子的起始处，抓住孩子的关键期。起始处跟关键期都抓好了，你就发现他的孩子好像教育得特别好。在孩子的早期陪伴他，在孩子3~6岁的时候，细致地培养他的习惯，到小学以后注重孩子的阅读、运动、作息包括睡眠。那么，这个孩子就走在正道上面，走在成长的正道上，走在人生的正道上，他的血液、性情、身体的健康等问题，就特别容易解决。

教师教育好自己的孩子，是给学生、学生的父母提供一个很好的示范：我是这么教育孩子的，你可以借鉴我的方式，在早期投入越多，后面孩子的成长越顺利，这是最有效的、最节约的投入。很多家庭正好做得相反，孩子成长早期非常放任，生下来就交给爷爷奶奶、外公外婆，上幼儿园以后在孩子身上投入比较少，到了孩子9岁以后有问题了，就着急、焦虑，于是家庭里面充满了冲突、混乱、敌意，甚至夫妻之间为孩子的教育产生矛盾，丧失了家庭的和睦。父母对孩子的教育是有期限的。孩子到了三年级以后，父母对他的影响就开始进入衰落期，到13岁以后有效期基本上就结束了，抓住早期教育往往也是教师教育子女的一个秘籍。凡是早期教育做得好的孩子成长都比较顺利，可以说教师群体仍然在培养人才方面具有巨大的优势，也是人才产出量最大的一个群体。

从事任何一个行业，你都要挖掘自己行业的优势，你只要跟孩子生活在一起，孩子就可以直观地看到你的劳作、艰辛、投入，看到你的责任感、殷殷的期望，这一切都会转化成孩子成长的优质资源。孩子不在你身边，他跟谁学习？父母的日常生活是最可观的教育示范，父母每天对孩子的叮咛，就是他人生的方向。人生的回报体现在培养出优秀的孩子。当然还有一个回报，你跟善良、有希望的孩子生活在一起，你身心感到舒畅，这是美好的。

经常有教师跟我感慨说在学校里对别人的孩子非常有耐心，回家就没有耐心对自己孩子了。这是教师最常遇到的困惑，也是他们的自责。一回家，对孩子做得不好的事情，动不动生气、大嗓门、脸色难看、脾气暴躁。教师有时候感到很困惑，觉得是自己修养还不够，当然还有其他原因。比如，教师对自己孩子的成长期待值会比其他的行业要高，他见识过太多优秀的孩子，就容易有一种投射，觉得自己的孩子优秀是理所当然的，自己的孩子都教不好是很失败的，所以对孩子容易产生急躁的情绪，一看孩子作业差了、表现差，火冒三丈，整个情绪都不对了。一个教师说他的孩子被老师提醒了，老师反映最近孩子上课的情绪不佳、走神、作业粗糙，整个人不知道怎么回事。我问这个教师，孩子是你带的还是你先生带的？我说，跟孩子的老师沟通很重要，不能一回家就指责孩子，你也要反省一下，最近孩子为什么情绪上有一些问题。情绪上的问题有时可能是睡眠引起的，有时可能是跟其他孩子的交往引起的，有时可能是因为他心有旁骛，比如玩某个电子产品、某个游戏或者是其他的事分心了。听听孩子的声音，跟孩子多一些交流，就知道孩子怎么回事，而不是一回家就发怒。教师之怒会使孩子更易于生活在焦虑之中。

我还发现教师回家之后对自己的孩子没有耐心，其原因多半是他们在学校里一天的工作太劳累、身心俱疲，回家之后真没有力气管教自己的孩子了，还有那么多的家务事、要批改的作业、那么多的情绪需要整理，人疲劳的时候是很容易情绪失控，一看到孩子表现不到位就忍不住发怒了。所以，好教师就是要身强力壮，只有身强力壮的人才能做好教师。其他行业的父母不是同样如此吗？你每天也会身心俱疲，也会把很多工作带回家，也要整理自己情绪。回到家看到孩子在看电视、在玩游戏、不做作业、在吵闹，或者大宝、二宝打成一团，真的会崩溃，尤其在你情绪不佳的时候更容易崩溃。我认识美国非常有名的教师雷夫先生，我跟他做现场对话的时候，他说有时候在工作过程中也会感到痛苦，但是他不想把痛苦带回家，于是就会坐在自己的汽车里面先哭一阵再回家，把情绪整理好了再回家。这一点很重要，无论是教师还是做其他职业的父母，都要有这个意识，把情绪整理好了再回家。情绪整理好了，回家看到孩子各种状况，不容易那么快就生气，或者说不容易生很大的气。因为生很大的气，有时候会失控，会说出非常伤人的话。我特别强调做父母的第一原则，就是要学会克制，孩子成长中的有些问题是具有必然性的，他会犯错、会重复地犯错，他自己很难意识到自己的错误。

英国的学者研究发现，孩子16岁之前基本上没有自我改正错误的能力。你的教育是有效果的，只是没有那么容易见效，它是缓慢的，孩子16岁后他才慢慢地有点领悟，此前你需要非常有耐心地跟孩子的错误做长期的斗争。父母保持良好的身体、心态、积极的沟通方式，就是好的教育立场。

教师要多讲故事少讲道理，但是很多教师在学生面前擅长讲故事，在自己孩子面前只会讲道理，一见到自己的孩子就说教，丧失了讲故事的耐心。讲故事是要有耐心的，讲故事就是演故事，要调动整个身心才能讲好的，但是很多教师往往回家后没有这种耐心。我建议父母增加美好的聚会，减少无聊的应酬和无聊的说教。父母让孩子有期待，对妈妈做的饭菜的味道有期待，对妈妈的故事有期待，对妈妈的笑脸有期待，这个家就像个家了，只有在一个像家的地方，孩子才有归属感，孩子才会真诚地跟父母交流。

很多人说小学三年级以后孩子就不愿意和大人交流了，甚至不跟父母说话。父母要反省一下，以前你跟孩子怎么交流的？孩子想跟你说话的时候，你有耐心吗？你在洗碗，孩子过来说妈妈我要跟你说一个故事，你是不是说"等等我""等会儿""你怎么老是等我做事情的时候跟我说话呢"？孩子最喜欢跟你错位交流。什么叫错位交流？你干活他跟你说话，你开车他跟你说话，等你一本正经地要跟他说话的时候他不想跟你说话，这就叫错位。这种错位交流也不错，你洗碗的时候，孩子在边上跟你讲故事、讲他的生活，你就耐心听。父母的"耐心听"就是要有强烈跟孩子交流的愿望，有时候你的回应还是第二位的，首先要有倾听的愿望，有跟孩子交流的习惯，你可以积极回应也可以不回应，孩子期待的是要跟你说话，这是首位的。

实际上孩子跟父母交流是有时间性的，他们6岁之前特别喜欢跟你讲各种各样很细致的故事，6~9岁交流的方式开始产生变化。6岁之前的方式是你看着他的眼睛跟他分享；6岁之后有时候他不习惯你看着他的眼睛，就喜欢错位、并肩、散步的时候闲谈，这就是孩子的交流方式。作为父母要努力保持跟孩子这种交流的习惯，13岁之前有特别积极的交流习惯，就会延续到孩子的一生。很多人年纪大了，还很喜欢跟父母交流。父母跟孩子真诚地沟通，就能避免无沟通或者假沟通这种情形。否则，你不知道孩子生命中的真相，也没办法知道孩子成长中的问题。父母对孩子要求过于严格、过于严厉，会使孩子生活在压抑之中，阻止他更积极地成长。因为这导致他过于在意你的评价，就特别害怕失败，容易在有麻烦时不愿与你交流，为成长埋下危机。我们要不断反思对待孩子是不是过于焦虑、严格，要求过高，对孩子过于严格，会产生一种反弹力，这个反弹力会使得孩子遇到困难，如学业的挑战或者跟人的交往等方面出现问题的时候他会失控，而这种失控他又不愿意及时告知你，让你帮助他共同解决这些问题。所有的不幸和麻烦，都是有源头的。

第三节　幸福生活的理由

朋友是音乐老师，他的女儿特别不愿意跟他学音乐，他反省为什么女儿不愿意跟他学。他的反省很简单，别的孩子上音乐课他会先夸几句，然后再进行纠正指导。对自己孩子他总是先批评，然后再纠正指导。一不小心，他把老师的形象跟严厉的父母形象完全颠倒过来，本来老师应该是慈祥的、充满鼓舞的、善于发现孩子优点，而有一些父母就太善于发现孩子的缺点，他就是这种把父母形象用到了教女儿学音乐的时候。

他跟我说了他老师的故事。他老师的儿子本来是非常有音乐天分的，钢琴也弹得好，但他这一辈子最恨钢琴，因为钢琴就是他严厉母亲的化身。现在她的儿子有了儿子，这位老师还想教孙子，被她儿子断然拒绝说绝对不能让你教，我就是你教育失败的一个最好的例证，我不能再让我的儿子在你的手上面临人生的失败与痛苦。有天分的人子承父业，从遗传的角度来说也是正常的，但是为什么后来会失败？那是因为父母错误的教育，使孩子在遗传中承受了巨大的痛苦，天分变成了他痛苦的源头，一个专业的母亲给他带来了一生的痛苦。所以，我们不能把我们的优势变成在教育孩子上的劣势。优势本来是真实地存在于孩子身上的，但我们往往过高地要求孩子甚至严厉地要求孩子，把孩子当成了天才，结果这个优势就变成了教育孩子的劣势。

莫扎特要是生在农民家庭里，可能会成为灾难，因为他太有天分了，农民家庭很难给孩子的学业成长提供支持。我想一个天才要是生在缺少鼓励的家庭，也是一个灾难。虽然父母有天分、有专业的优势，但对孩子没有鼓励，孩子一生也很痛苦的。有些孩子虽然成了优秀的音乐家或者其他领域的杰出人士，但是他不快乐，甚至对音乐没有感情，音乐不能对自己一生有滋养，而变成了一个冷漠的职业。父母对孩子过早、过严、过残酷的训练，让孩子生无可恋。

我一个在美国的师妹的孩子有天分，初中时已经是他那个州的钢琴比赛冠军，但是上了高中以后，他跟妈妈说不想弹琴了想学街舞。妈妈听了很惶恐，她马上想到他有天分，学街舞不是浪费了吗。另外钢琴贵，好的钢琴老师也贵，从孩子幼儿园开始，父母花了多少的心血，时间、金钱、心思以及各种纠结跟焦虑，眼看孩子要成为钢琴方面的杰出人士，居然要学街舞去了，她有些接受不了。在她看来街舞有点下里巴人。我的师妹纠结了非常久，最后另外一个案例教育了她，另一个华裔的孩子比她的儿子要优秀得多，师妹的儿子仅仅是州冠军，这个孩子是全国冠军，拿奖拿到手软，高中毕业上了最好的音乐学院，上大学之后他给妈妈写了一封信说：你要求我做的我都做到了，我现在要做自己，我要告别音乐学院、告别钢琴，退学，做自己。这是一个令人心痛的悲剧。你可以想象这个孩子在学音乐的过程中经受了多么可怕的磨难，音乐成了魔鬼，钢琴成了凶器。

教育的失败里你要反省到底对孩子做了什么，你在各种崇高、成功名义之下实施的可能是冷酷的教育，到最后所谓功名利禄，一瞬间都瓦解了。我师妹的故事有一个非常光明的结尾，孩子上了高中以后学街舞，因为是自己选择的，特别地投入，身体练得特别棒，他自己组街舞团队为学校争光，甚至为他所在州争光，街舞成了他一个巨大的优势。他有很强的组织能力、很强的跟人交流合作的能力，最后上了很好的大学。街舞以及他组织的街舞团队，成了他最重要的推手之一。他后来成为军人，身强力壮，他反思自己所走过的路对妈妈充满了感激，觉得妈妈在他读初三的时候支持他的选择，奠定了他后来的人生的幸福快乐，现在一家人很幸福。

在教育孩子上，幸福的家庭有一些基本的原则、爱的原则是相似的。父母都爱孩子，爱要回到日常生活：陪伴和共同生活是家庭的第一原则，做不到共同生活，这个家就不存在，孩子的情感无所寄托，很难有安全感。作为父母需要共同努力去培养更好的孩子，但不能过度地移情。什么叫过度地移情？比如，有父母是想让自己失败的希望在孩子身上得到补偿，让他喜爱的希望在孩子身上实现，他人生的梦想在有了孩子后，就有了再一次实现以前没实现的可能性。你一定要明白：孩子是孩子，你是你。很多父母不明白这一点，于是就有了一种对孩子的敌意。"我对你真是恨铁不成钢"，他很少想过，铁是铁钢是钢，铁是变不了钢的，钢跟铁根本就是两回事，你不能以钢的要求对待一块铁，孩子做铁也有做铁的快乐，你不要认为他做铁就不快乐。

我的大学同学聚会时，他们要我讲家庭教育，我说你们孩子都成家立业了，怎么还要听我讲家庭教育呢？他们对我说了两种观点。一种观点认为，现在他们也需要知道家庭教育的奥妙，反思自己以前什么做对了什么做错了，有反思就能够放下心中的负担。但是第二种就有问题了：有人说他儿子马上要生孩子了，以后帮着带孩子就知道怎么带了。我认为他这句话不完全对。父母可以协助孩子，但是不能代替孩子，作为爷爷奶奶，如果孩子不需要真的不要手伸得太长、干预太多。人们总以为自己有很丰富的经验，有时你的经验可能是有问题的，会影响孩子跟他父母之间的亲密关系，爷爷奶奶包办代替之后，孙子跟你会非常亲密，但他跟父母之间必然会产生种种问题。

有一位妈妈跟我咨询，说自己的孩子特别傻，都读小学二年级了整天玩口水，还得意地说："妈妈，你看我口水能够吹出泡泡来。"这多脏啊，这位妈妈就问我怎么办。我先给她来分析了口水到底脏不脏。口水并不脏，口水在人的身上怎么会脏呢？孩子不会认为他的口水脏。我们对孩子的行为，首先不要用脏和干净来判断它，这种判断会让孩子产生羞耻感，认为自己老玩脏的东西，是一个不干净的孩子。他玩口水吹泡泡，你不要小看他，你试试看，你能把口水吹出泡泡来吗？这是很大的本事，说不定他哪一天成为泡泡艺术家，世界上还真有泡泡艺术家！

爱因斯坦做了一个手工，是非常难看的凳子，老师在课堂上展示："你看看，世界上还有比这更难看的小凳子吗？"同学们大笑，结果爱因斯坦从桌子底下拿出他前面做的更丑的："有，还有。"爱因斯坦成为一个伟大的科学家。你可能说爱因斯坦成为科学家跟这个小凳子没关系，但是跟他的梦想有关系！他是一个有梦想的人，他的梦想一直得到家庭的鼓励，他的父母是温暖的父母，对他所有的所思所想都是支持的。爱因斯坦保持着多么可贵的天真，他老年以后拍的那些拉小提琴的照片，很有趣。这种有趣，是生命的热情。这种终生未成年的精神状态、保持童真的状态，就是来自家庭的鼓励。我们千万不要把梦想分等级，不要把梦想功利化，这是父母应该秉持的立场。

梦想也很贵。一位朋友的孩子也是钢琴弹得特别好、很有天分，一位著名的钢琴教授跟他说孩子需要到北京去学习，他特别纠结。孩子去学习需要陪伴，因此最后他下定决心，辞去了公职，专程到北京陪伴孩子。我认识一个校长，他的孩子在音乐上比较有天分，早早到中央音乐学院附属小学读书，后来一直读到高中毕业考到德国。校长跟我说，人的成长往往是难以预期的，在孩子成长过程中会有很多纠结、很多特别困难的时候，其中一个困惑是他经常想：费了这么大的心血，到底孩子能够成就什么可能？孩子从小离开母亲，在精神成长方面为音乐付出的代价太大了。我说，首先需要有一种心态：一方面我们期待孩子能更优秀，另一方面我们不能把过高的要求当成孩子一生唯一的目标。一旦他学业上出现困难、困顿，他的短板、瓶颈难以突破的时候，有一些孩子会崩溃的。另外，我们还需要有一种生命的自觉，陪伴孩子成长仍然是一件重要的事情，当梦想跟现实拉锯的时候，我们需要做出一定的评估。评估就是首先需要有一种"生命第一"的意识，父母要全身心地去陪伴孩子，保障孩子生命的安全，保障孩子成长过程中情感的健康，孩子有天分真是需要家庭强有力的支持，才能使之得以实现成为真正的人才。

我的一个作家朋友，孩子在德国长大，高中毕业以后考上了一所德国顶尖的工业大学数学系，没多久就发现跟他的同学比较，同学的天分才是真正的天分，他的天分是很小的天分，于是他陷入了很大的痛苦中，他觉得自己虽然上了顶尖大学的最好专业，但他在这个领域不会有太大的创造，于是毅然决然地退学了。退学让他爸爸非常痛苦。这个痛苦是一种常态。对很多父母来说，孩子这样做，父母面子受到很大的撕裂，朋友都知道孩子原来上的好大学，现在一下子退学，父母面子上确实过不去。当然更重要的是对孩子的未来担心。但是这个孩子特别有主见，我的朋友告诉我，十年之后，儿子也成了一个作家，没有想到作家的孩子最后也是成了作家。子承父业，所以有时候命运自有安排。

他虽然感到痛苦，但是能接纳孩子的选择。虽然对孩子的未来焦虑，但是能鼓励孩子选择自己的人生之路，成功背后一定是有理由的。反之，所有的失败也是有原因的。失败不是偶然的。我的一个朋友因为孩子有自己的爱好，他把孩子送到特殊的学校去培训，就发现好老师是很贵的，这不算什么发现，所有的好老师都是很贵的。他说的一句话给我印象太深了。他说坏老师更贵，因为坏老师可能会毁掉你孩子的一生，所以有条件就要给孩子选择好老师，这好像是天底下人的共识，你意识到坏老师更贵时，你自己不要成为孩子一生最坏的那个老师！

我的孩子在写作方面很有天分，在应试教育背景底下并不能够给她带来多少学业上的优势。所以我就想怎么办。尤其是孩子读初中的时候，是选择更好的中考成绩，还是鼓励孩子保持自己的爱好？这是纠结的。当你发现孩子的天分跟考试成绩有矛盾的时候，很多父母会放弃了孩子的优势，走那条千军万马都走的路。当时我跟孩子有比较多的交流，家庭里是有共识的，我觉得先不说孩子中考的问题。我总是相信，相信命运的人，命运领着你走；不相信命运的人，命运可能推着你走；父母就是孩子最好的命运，是最重要的一种影响源。所以我经常跟孩子说不要紧，爸爸有办法，我的女儿从来没问过我到底有什么办法。后来我跟老师们讲这件事的时候，老师们问我，有什么办法。有一个故事经常给我带来快乐。从前有一个人骑着马出门，到了村口的时候被对面骑马的人碰坏了马鞍，这个骑马的人就跟对方说，你赶快把我的马鞍修好了，要不然我就要拿出我父亲的办法。对方一听好紧张，赶快想办法把他的马鞍修好了。然后问他，要是我没有修好你的马鞍，你会拿出你父亲的什么办法来？这个人说我父亲的办法就是背着马鞍牵着马回家。可能你没有想到，这个故事有很丰富的蕴意，我经常琢磨，在很多情境里面会想到，它很给我启迪。所谓父亲的办法是和平的、平静的、古老的方法：当你遇到挫折的时候，不要太沮丧；当你遇到难题的时候，如果没有新路你就不妨走老路。

　　孩子的成绩与天分的拉锯，要根据家庭的状况来做出抉择，不要简单地否定这种考试，更不要否定孩子在考试方面独到的天分。不同的家庭，培养不同的孩子，所有的家庭都能够也应该努力去培养更优秀的孩子。"成全孩子的梦想"，第一，保障他的生命安全，牢牢地树立"生命第一"的理念。这才是最大的梦想，深深地植入孩子的心田，无论遇到什么难题，他第一选择就是保命、活命，想到活着就是快乐，活着就有希望，有这样的一种信念。第二，就是健康，保持健康，你就可以长命百岁，就可以有很长的人生规划，就有很长的路可走，有好多的选择会不期而至。第三，孩子要有好的品行，这才是孩子走遍天下最大的一张通行证。第四，对任何人而言，梦想都是靠他自己去实现的。我们能够帮他就尽量帮他，帮他的最好的方式就是鼓舞他去实现自己的梦想。